世にも奇妙な「世界死」大全

遠海総一

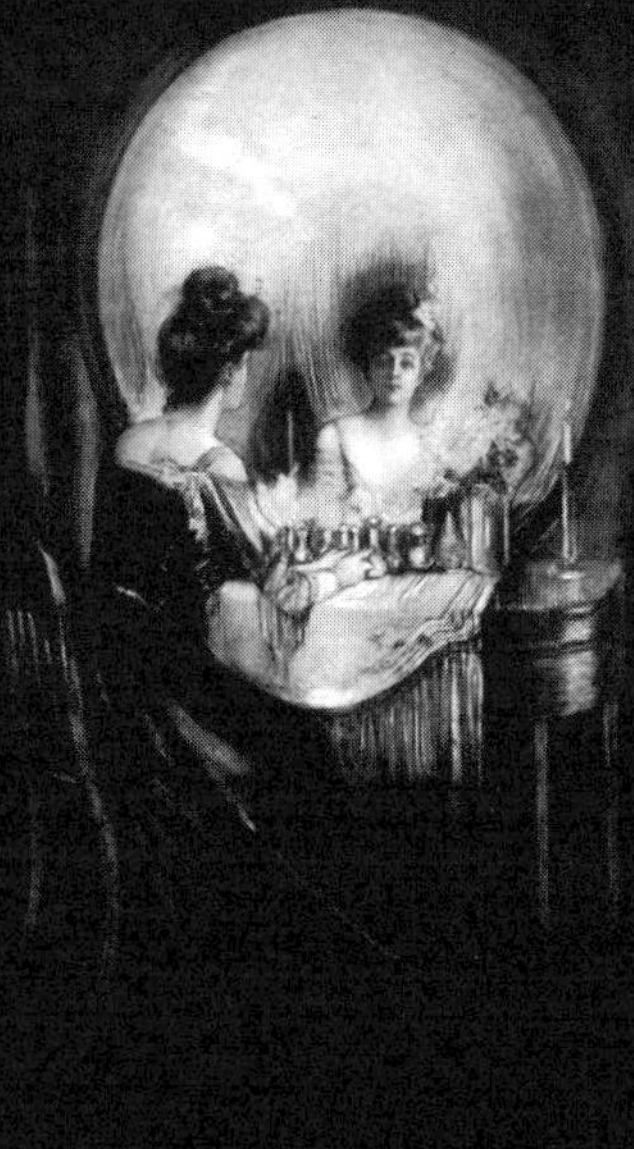

彩図社

まえがき

人間だれしも、一度生まれてしまえばいつか死ぬ時が訪れます。それに抗おうとする人はいても、逃げ切ることなどはできません。それにもかかわらず、医療や生活環境が発達した（比較的）平和な現代に生きる多くの人々にとって、「死」というものは日常から遠く離れた、忘れ去られたテーマになってしまいました。

しかし、より古い時代には、日常の中にもっと普遍的に「死」がありました。

古今東西の歴史に残る「死」を見ていくと、大多数が平凡な「死」を迎える中、一部には英雄的に命を散らした人もいれば、悲劇としか言いようがない生涯の終え方をした人もいます。そうした人々の「死」は、物語となって多くの人々の心に生き続けます。しかし、それだけでよいのでしょうか。世界の歴史には、まだ読者の皆さんが知らないような、奇妙で衝撃的な、一筋縄ではいかない「死」がたくさん埋もれています。

これまでにも、歴史人物の死に様をまとめた書籍はいくつも世に出ていますが、そのほとんどで扱われるのは有名な人物に限られます。それに対して本書では、一般的な知名度や業績、歴史的意義の如何をほとんど問いませんでした。その代わり、死に様そのものが衝撃的で類を見ない人物をひたすらに集めてきました。まさに、純粋に世界中の「死」を集めた「世界死」なのです。

これから見ていく「死」は実に多種多様です。長年溜めてきたツケを払わされた人もいれば、どうしようもない些細なつまずきから取り返しのつかないことになってしまった人もいます。もちろん誰もが知る著名人もいますが、逆にほとんどその「死」のみによって歴史に名を残した人物もいます。

よく「人が本当に死ぬのは忘れられた時だ」と言いますが、本書で取り上げる人々は、誰にも平等に与えられたただ一つの命が終わる瞬間のおかげで（せいで？）特別に数百年、数千年にわたり歴史と人々の心の中に生き続けるのです。なんとも面白いことではありませんか。

一方で、人の「死」というものは極めてセンシティブな話題です。遠い昔の人物の話をするときでも、それは変わりません。しかし珍しい「死」の中には、思わず笑わずにはいられない、どうしようもない話もたくさんあります。不謹慎は承知です。ならばせめて、真摯に歴史的事実と向き合うことで先人たちに許してもらうほかありません。

すべてのページの「死」は、必ず何らかの文献をもとにしています。死に様からその人物に興味を持った方は、ぜひ本書巻末の参考文献リストを使って新しい世界をのぞいてみてください。その人物の存在に気づき、実際に調べてみることが、その人物の供養になるかもしれません。

もちろん本に書いてあるからと言って、それが真実であったかどうかは分かりません。歴史学上完全に否定されていると分かった話は除いていますが、詳しい方から「その説は古い」と突っ込まれそうなものもあります。明らかに現実味がない神話や奇跡は省きましたが、若干信憑性に欠ける伝説や風説も（歴史上実際に噂されたものに限り）混じっています。そのあたりのユルさは肩肘張らぬ読み物としてお許しください。より詳しく知りたい、真相を突き止めたいという熱心な読者の方は、ぜひ参考文献リストを活用してください。

また「死」そのものの表現も問題になりがちです。天皇や皇帝、王などの君主には「崩御」、皇族や王族には「薨去《こうきょ》」という言葉を使うべきだとされています。ただ本書ではすべて平等な歴史人物として扱うという観点から、不適切を承知であえて「死去」「死亡」という言葉を選びました。

採録する時代範囲は、人間の歴史が残る時代から１９１４年６月28日までとしています。この具体的な日付は、有名なサライェヴォ事件が起き、第一次世界大戦へと繋がっていくその時を指しています。詳しくは後ほどコラムで取り上げることにしましょう。

何にしろ、本書を読んでいて死ぬことはおそらくないでしょうから、気楽に次のページをめくってみてください。ただし、「笑い死に」には気をつけて。

世にも奇妙な「世界死」大全

目次

第二章 大帝国の平和と混乱（〜4世紀）

第三章 秩序の崩壊と立て直し（〜10世紀）

第四章 地域を超える交流（〜15世紀）

第六章 近代の足音（18世紀～）

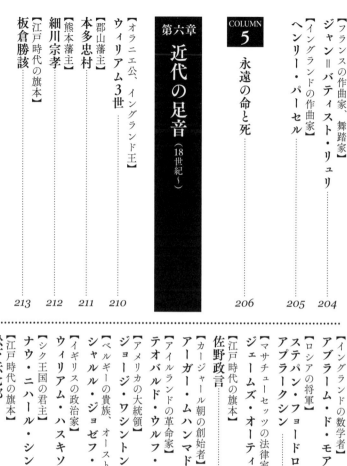

第一章

神話から歴史へ

（〜前4世紀）

歴史はどこまで遡れるのだろうか。人々は己の起源を求め、神や精霊など人ならざる者を描き出した。不死であったり不思議な最期を遂げたりする存在は、次第に生身の英雄たる人間に取って代わられる。今を生きる私たちとも繋がる等身大の「死」の歴史は、ここから始まるのだ。

【エジプトの初代ファラオ】

メネス

前 30 世紀頃（没年齢不詳）

死因 ▸▸▸ **カバと戦って敗死**

エジプトの神話時代の後に即位した最初の王。上下エジプトを統一し、首都メンフィスを建設したファラオとして記録されている。古代ギリシアの歴史家ヘロドトスは「ミン」と呼んでおり、現在では、エジプト第1王朝を築いたナルメルもしくはその息子ホル・アハと同一人物であるとする説も有力である。ナイル川に生息し悪魔だとみなされていたカバに戦いを挑んだが、逆に引きずり込まれて死亡。

【周の王】

昭王

しょうおう

？～前977（没年齢不詳）

死因 ▸▸▸ 溺死

周王朝は初代の武王《ぶおう》から成王《せいおう》、康王《こうおう》と徳のある王が続き、天下がよく治められていた。しかし4代目の昭王の頃になると徳が衰え、南方の異民族である楚《そ》と衝突するようになった。自ら南征した昭王だったが、川を渡る際に頼まれた船主も徳の低い昭王を憎んでいた一人だった。昭王は膠《にかわ》※で固められた船に乗せられ、川の半ばまで来たところで船が分解し溺死。

※膠……動物の骨や皮などを煮た液を冷やし固めた物質。接着剤に用いられる。

【周の王】

幽王

ゆうおう

？～前771（没年齢不詳）

死因 ▸▸▸ 反乱による殺害

褒姒《ほうじ》という美しい妃を寵愛していたが、彼女は何をしても笑わなかった。ある時、敵襲を知らせるのろしとともに太鼓が打ち鳴らされ、諸侯が幽王のもとに集まってきたが、これは誤報だった。ところがこの様を見て褒姒が初めて笑いだしたので、喜んだ幽王はその後何度ものろしを上げ、諸侯を呆れさせた。さらに幽王は元からいた正式な后とその子を廃して追放した。その后の父が怒って異民族と結託し反乱を起こしたので、幽王はのろしを上げて軍を集めようとしたが、もはや参上する将兵はおらず、幽王は反乱軍に殺された。

【リュディア王】

カンダウレス

Κανδαύλης

前8世紀後半～前7世紀前半（没年齢不詳）

死因 ▸▸▸ **暗殺**

アナトリア西部に栄えたリュディア王国における、ヘラクレイダイ朝の最後の王。妃の美しさを自慢したがるあまり、寵臣のギュゲスに、寝室に忍び込んで妃の裸体をのぞき見るよう強要した。しかし、のぞきに気づいた妃はギュゲスを捕まえて、自殺するか王を殺すか選ぶよう命じた。後者をとったギュゲスはカンダウレスを刺殺し、妃と結婚して王位に就いた。

【古代ギリシアの立法者】

ドラコン

Δράκων

前7世紀頃（没年齢不詳）

死因 ▸▸▸ 衣類による窒息死

それまで口伝えだった法と私闘の慣習を排して、アテナイで初めて成文法を整備した。「立法者」の通称でも知られる。ドラコンが劇場で法を披露した時、集まったアテナイ市民たちは歓呼の声を上げ、彼を称えるつもりで帽子や服を投げかけた。しかしそのあまりの量にドラコンは押し潰され、窒息死した。市民はその場所にそのままドラコンを埋葬した。

【春秋時代の斉公】

桓公

かんこう

？〜前643（没年齢不詳）

死因 ▸▸▸ **病死・餓死**

名宰相・管仲《かんちゅう》の補佐を受けて中原の覇者となった。管仲は遺言で、ある3人の悪臣を取り立てぬよう進言していた。しかし桓公は忠告を忘れてその3人を重用してしまい、結局国が乱れた。桓公が重病に倒れると、悪臣たちは彼を病室に監禁し、世話する宮女1人以外に人通りを許さず、食料や水すら与えなかった。間もなく桓公は死去したが、5人の息子たちや臣下たちが激しく争う中で遺体は病床の上に67日間放置され、ウジがわくほどになってしまった。

【春秋時代の晋の家臣】

介子推

かい・しすい

？～前636（没年齢不詳）

死因 ▸▸▸ 焼死

晋の公子※である重耳《ちょうじ》の、19年にわたる亡命生活に従った家臣の一人。重耳が途上で餓死しかけた際には自らの腿《もも》肉を切って食べさせるなど、主君を助けた。後に重耳が帰国を果たして晋公となった際、家臣たちは褒美を与えられたが、介子推だけが忘れられていた。憤慨した介子推の従者が主人の不遇を嘆く詩を宮門にかけたので、重耳は「私が間違っていた」と言い介子推を探させ、綿上山《めんじょうさん》に隠れこもっていることを突き止めた。しかし山奥からどう呼び出そうか困り、山に火をかけ出てこさせようとしたが、介子推は応じずそのまま焼死。

※公子……君主の子。

【春秋時代の鄭公】

霊公

れいこう

？～前605（没年齢不詳）

死因 ▸▸▸ 暗殺

家臣の子公《しこう》と子家《しか》が霊公に呼ばれ屋敷へ赴く道中、子公は自分の人差し指が動いたので「こういうときには必ず珍味にありつけるのだ」と語った。いわゆる「食指が動く」の由来となった故事である。実際、料理人が珍しいスッポンを調理していたので、子公らは顔を見合わせ笑った。わけを聞いた霊公は機嫌を悪くし、子公にだけ料理を出さなかった。怒った子公は料理に指を突っ込み、ひとなめして帰った。これに霊公も怒って子公を殺そうとし、子公も霊公暗殺を試みた。子家は「家畜を殺すのも憚《はばか》るのに主君相手では」と渋ったが、子公に殺されそうになったので従い、結局2人で霊公を殺した。

【春秋時代の陳公】

霊公

れいこう

？～前599（没年齢不詳）

死因 ▸▸▸ **射殺**

ある家臣の夫人である夏姫《かき》という女性と、公然と関係を持っていた。孔寧《こうねい》と儀行父《ぎこうほ》という家臣たちも同様で、3人はそれぞれ夏姫の肌着を宮廷に着てきて競い、他の家臣に苦言を呈されるとその家臣を殺害するという有り様だった。ある時、霊王と孔寧、儀行父は夏姫のもとで宴をした。夏姫には夏徴舒《かちょうじょ》という息子がいたが、霊公が「徴舒はお前たちに似ている」と孔寧らをからかうと、2人は「いや、公にも似ております」とからかい返した。怒った夏徴舒は弩《ど》※を持ちだして、霊公が酔って厩《うまや》に来たところを射殺した。

※弩……矢や石を弾き飛ばす射撃用の武器。

【春秋時代の晋公】

景公

けいこう

？〜前581（没年齢不詳）

死因 ▸▸▸ 厠の穴に落ちる

病魔が膏肓《こうこう》※に入り込んでいるのに気づいた医者に「治療は難しゅうございます」と言われたところ、「まさに名医である」と言い厚くもてなして帰らせたという「病膏肓《やまいこうこう》に入《い》る」の故事で知られている。その後、麦を食べたくなったので家臣に取り寄せさせた。口をつけようとしたところで便意を催したので厠《かわや》に行ったが、そこで厠の穴に落ち死亡。侍従の一人が遺体を背負って穴から出したのだが、彼はこの日の朝に景公を背負って天に上る夢を見ていた。この因縁ゆえに侍従も殉死した。

※膏肓……心臓と横隔膜の間。体の奥深いところ。

【アテナイの鋳物細工師】

ペリラオス

Περίλαος

前６世紀中頃（没年齢不詳）

死因 ▸▸▸ **焼死**

シチリア島アクラガスの暴君パラリス（ファラリス）に処刑用具をつくるよう命じられ、中が空洞になった真鍮《しんちゅう》製の雄牛像（パラリスの雄牛）を発明した。中に囚人を入れ火であぶると、その苦しむ声が雄牛の鼻の笛を通して音色を奏でるという仕組みだった。パラリスはその細工を試すためと言ってペリラオスを中に入れて火をつけ、最初の犠牲者にした。ある説では、パラリスは発明品を持ち込んだペリラオスに不快感を抱き、褒美と称してペリラオスを焼きつつ、優れた発明品が汚れぬようにと死にかけの彼を雄牛から引きずり出して岩山から投げ捨てたという。

【アクラガスの僭主】

パラリス

Φάλαρις

前６世紀中頃（没年齢不詳）

死因 ▸▸▸ 焼死

もとは一農夫だったが、アクラガスで神殿建設を任された際に工夫《こうふ》として大勢の奴隷を集め、解放を約束して蜂起させ街の支配者となった。人肉食を好み、政敵をエトナ火山の火口に突き落としたり、ペリラオスに雄牛像をつくらせたうえで処刑したりするなど、残虐な暴政を敷いた。しかし後にアクラガス市民の反乱で失脚し、自分も雄牛像に押し込められて焼き殺された。

【古代ギリシアのパンクラチオン選手】

フィガリアのアッラキオン

Ἀρραχίων ὁ Φιγαλεύς

？～前564（没年齢不詳）

死因 ▸▸▸ **窒息死**

古代ギリシアのオリュンピア競技祭には、パンクラチオンと言う競技があった。目潰しと噛みつき以外のあらゆる行為が許される総合格闘技で、一方のギブアップにより勝敗がついたが、競技者が死亡することも多かった。第52回、53回競技祭で優勝したアッラキオンは、第54回でも決勝戦に進んだ。ここで対戦相手に足で抱えられ、首を手で押さえられ絞め殺されそうになったアッラキオンは、相手の足指を掴んで脱臼させた。あまりの痛みに相手は降参したが、既にアッラキオンは窒息死していた。彼には死して優勝の名誉が与えられた。

【古代ギリシアの哲学者】

ミレトスのタレス

Θαλῆς ὁ Μιλήσιος

前624頃〜前546頃（78歳没？）

死因 ▸▸▸ **熱中症**

当代一の知恵者として知られ、「七賢人」の一人と称される。自然や幾何学を研究して天文学を創始し、太陽の大きさや日食を計算するなどした。死と生は少しも違うところがないと説き、「それなら、お前はどうして死のうとしないのか」と聞かれると、「（生きていることと）少しも違わないからだよ」と答えたという。また「万物の根源は水である」と説いたことでも有名であるが、後にオリュンピア競技祭を観戦中、暑さと喉の渇きに老いた体が耐えられず、衰弱して死去。

【アケメネス朝ペルシアの君主】

キュロス2世

𐎤𐎢𐎽𐎢𐏁

？～前 529（没年齢不詳）

死因 ▸▸▸ **戦死**

マッサゲタイ人の女王トミュリスに求婚するが、拒絶されたため遠征をおこなった。酒や食事を置き去りにし、敵が気を取られたところを襲う戦術で、王子スパルガピセスら多数の敵兵を捕虜とした。トミュリスは「息子を返さなければ血に飽かせてやる」と伝えてきたが、当のスパルガピセスは、キュロスに縄を解くよう求め、自由になったとたんに自殺してしまっていた。交渉は決裂して両軍が正面衝突したが、ペルシア軍が敗れキュロスも戦死した。トミュリスはキュロスの遺骸を見つけると、その首を斬り、血を満たした皮袋に投げ込んだ。

【シチリアの立法家】

カロンダス

Χαρώνδας

前６世紀頃（没年齢不詳）

死因 ▸▸▸ 自殺

シチリアのギリシア人都市カタネーで活躍し、数々の法を整備した。偽証罪を初めて明文化した人物ともされる。彼が定めた法の中に、「武器を帯びて集会場に入るのを禁ずる」というものがあった。しかしある日、カロンダス本人がうっかり帯剣したまま集会に来てしまった。周囲からそれを指摘されたところ、カロンダスは「私は法律に従おう」と答えてその場で自刃した。

【古代ギリシアの詩人、政治家】

ラケダイモンのキロン

Χίλων ὁ Λακεδαιμόνιος

前６世紀頃（没年齢不詳）

死因 ▸▸▸ 喜びすぎ

古代ギリシアで「七賢人」と呼ばれた人物の一人。ラケダイモン（スパルタ）で監督官の職に就き、これを王と並んで国政を動かす評議員の地位にまで押し上げ、国政を動かした。また隣人や死者の悪口を言わないこと、老人を敬うこと、不運な人を笑わず怒りを抑えることなどを説いた。高齢で体が弱くなってきた頃、オリュンピア競技祭のボクシング競技で自分の息子が勝利したと聞き、喜びすぎて息子を抱きしめながら死亡。

【古代ギリシアのレスリング選手】

クロトンのミロン

Μίλων ὁ Κροτωνιάτης

前556頃～前510以前（没年齢不詳）

死因 ››› オオカミに食われる

「ザクロを掴めば誰にも取られることなく、ザクロを潰すこともなかった」「頭に巻いた弦を血管を膨らませて切った」などといった超人的な怪力で知られた。オリュンピア競技祭やピュティア競技祭など数々の大会のレスリング種目に出場し、生涯のうちに合計33回も栄冠を勝ち取った。あるとき力試しをしようとして森の中で木に楔《くさび》を打ち込み、裂け目にわざと素手を差し込み押し開こうとしたところ、楔が外れて手を挟まれ身動きできなくなっているうちに、オオカミに食われた。

【楚王の夫人】

貞姜

てい・きょう

？〜？（没年齢不詳）

死因 ▸▸▸ **溺死**

楚の昭王《しょうおう》の夫人。昭王が遠出したとき、長江が増水し、貞姜が待つ漸台《ぜんだい》という地が危険にさらされた。昭王は貞姜の元に使者を送って助けさせようとしたが、使者が人を召し出すために必要な符を忘れてきたのを見た貞姜は同行を拒否した。使者が「取りに帰っても間に合いません」と言うと、「貞淑な女は定めを守り、勇者は死を恐れず、節を守るものだと聞く。留まれば死ぬことは分かっているが、定めを破り義に背いて生きるくらいなら死んだほうがまし」と答えた。使者が符を取りに帰った間に、貞姜は洪水で流され死亡。

【古代ギリシアの哲学者、数学者、宗教家】

ピュタゴラス

Πυθαγόρας

前581〜前496（85歳没）

死因 ▸▸▸ 暴動による殺害

学問探究と神秘主義が融合したピュタゴラス教団を組織した。その教えの中で、体に悪いとか宇宙万有の形に似たものだとかさまざまな理由をつけて、豆を食べることを禁じていた。ある時、入門試験に落とされた男がピュタゴラスを恨み、彼が街を支配しようとしていると噂を流して暴動を起こし、教団が集会をしていた家に火をつけた。ピュタゴラスは弟子たちが火の中に身を投げてつくった人橋を渡り、何とか逃げ出したが、豆畑に行き当たってしまった。彼は立ち止まって「豆を踏みつけるよりもむしろここで捕まろう」と述べ、追手に殺された。

【古代ギリシアの哲学者】

ヘラクレイトス

Ἡράκλειτος

前 540 頃～前 480 頃（没年齢不詳）

死因 ▸▸▸ 野犬に食われる

「泣く哲学者」として知られ、万物の根源は火であると説き、「万物は流転する」との言葉を残したとされる。気位が高く尊大で、次第に人間嫌いが激しくなり、山中に隠棲して草や葉を食べて暮らすようになった。しかしそのせいで水腫《すいしゅ》※を患ったため街に戻り、医者たちに「洪水を旱魃《かんばつ》に変えることができるか」と問うが理解されなかった。仕方なく独自の治療を試み、自ら牛糞の山に埋まって体内の水分を抜こうとしたが、糞が乾いて動けなくなった。さらに糞に埋もれて姿が変わってしまったため、野犬が彼を人と気づかず食ってしまった。

※水腫……体内に余分な水が溜まる現象。

【スパルタの王族、摂政】

パウサニアス

Παυσανίας

？〜前467頃（没年齢不詳）

死因 ▸▸▸ 餓死

テルモピュライの戦いで有名なレオニダス1世の甥。ギリシア連合軍を率いてペルシアと戦い功があったが、次第にペルシアに親近感を覚え内通し始めた。彼がペルシアに送る密使は誰一人帰って来なかったので、訝《いぶか》しんだある密使が、自分に託された密書をひそかに読んでみると「この使者も他と同様に殺害するように」と書かれていた。この密使が裏切って陰謀が露見したので、パウサニアスは神殿に逃げ込んだが、神官たちが外から入り口を塗り固めて閉じ込めた。餓死する直前に、聖域を汚さぬよう神殿から運び出されて間もなく死亡した。

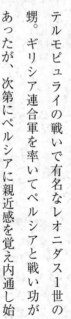

【古代ギリシアの詩人、劇作家】

アイスキュロス

Αἰσχύλος

前525～前456（69歳没）

死因 ▸▸▸ カメが頭に落ちる

ギリシア悲劇を確立し、古代アテナイ三大悲劇詩人の一人ともされる。ある時、物が上から落ちてきて死ぬという運命を予言されたので、建物や木を避け青空の下にいようとした。ところがそこへ、1羽のワシが飛んできた。このワシはカメを高いところから落として甲羅を割って食べる習性を持っていた。アイスキュロスは頭を地面の岩と間違えられ、落とされたカメが命中して死亡。

【古代ギリシアの哲学者、政治家】

エンペドクレス

Ἐμπεδοκλῆς

前490～前435（55歳没）

死因 ▸▸▸ 火山の火口に飛び込む

火・水・空気・土が万物の根源であるとする四元素説の提唱者。天候や川を操り死者を生き返らせるなどの奇跡を演じ、魔術師や予言者としての名声も得た。詩でも「不死なる神として、あなた方の間を歩いているのだ」とうたうようになり、またある町の河川工事をして疫病を鎮《しず》め、市民から神のように崇められることもあった。さらに自分が神であるという世評を確実なものにするべく、最後はエトナ火山の火口に身を投げた。しかし履いていた青銅製のサンダルだけが吹き上げられたため、ほら吹きの真相が露呈してしまった。

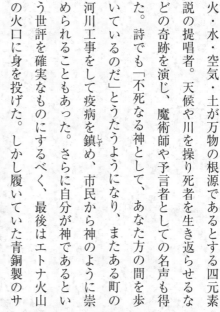

【春秋時代の趙の家臣】

青荓

せい・へい

前５世紀頃（没年齢不詳）

死因 ▸▸▸ 自殺

趙《ちょう》を建国した趙襄子《ちょうじょうし》に仕え、その馬車に同乗した。ある橋に差しかかった時、馬が進まなくなったので、趙襄子は橋の下に人がいると見抜いた。彼に命じられ青荓が調べに行くと、そこで青荓の友人である豫譲《よじょう》が死んだふりをしていた。豫譲はかつて主君を趙襄子に殺されたので、仇を討つ機会を狙っていた。彼が青荓に気づき「去れ、これから大事を成すところなのだ」と言うと、青荓は「君が隠れているのを報告したら友を裏切ることになり、報告しなければ臣下の務めを果たせない。こうなったからには、ただ死あるのみ」と言って自ら命を絶った。

【春秋時代の晋の刺客】

豫譲

よ・じょう

？～前453頃（没年齢不詳）

死因 ▸▸▸ **自殺**

有力者の智伯《ちはく》に厚遇されたが、智伯は宿敵の趙襄子を討とうとして逆に滅ぼされた。豫譲は敵討ちを誓って趙襄子暗殺を試みるも失敗。趙襄子に忠誠心を称えられ放免されたが、今度は乞食を装って機を待ち、橋の下から旧友の青荓の制止を聞かず趙襄子を襲おうとした。しかし趙襄子の馬が驚いたので気づかれ、また捕まった。趙襄子に誉められつつ二度は許せないと言われた豫譲は「あなた様の衣を斬らせてほしい」と答えた。そして趙襄子から借り受けた衣を三度斬りつけ「これで智伯に報いることができた」と言い、剣の上に身を投げ自殺。

【中国戦国時代の楚の政治家、軍略家】

呉起

ご・き

前440～前381（59歳没）

死因 ▸▸▸ 射殺

各国を流浪した末、楚の悼王《とうおう》に認められ、宰相になった。貴族の権力を弱めて王権を拡大し、楚の国や軍は強大になったが、その分貴族の恨みを買った。後ろ盾の悼王が死去すると、貴族たちが弓矢を持って呉起を襲いに来たので、呉起はとっさに悼王の遺体に走り寄って覆いかぶさり、そこで殺された。しかし彼らの矢は呉起の体を貫通し、悼王の遺体まで達していた。新たに即位した粛王《しゅくおう》は機転を利かせ、王の体を傷つけた罪で暗殺に関わった貴族70家を大逆罪に問い、一族皆殺しにした。ここに呉起の最後の復讐と反対派の粛清が完成した。

【テーバイの僭主】

アルキアス

Αρχίας

？～前 378（没年齢不詳）

死因 ▸▸▸ **暗殺**

スパルタの軍を利用してギリシア都市テーバイを制圧し、反対派を粛清して街の支配権を握った。しかし残忍な統治をおこなったため民衆に恨まれるようになった。ある日の宴会中、暗殺計画を密告する書簡が届き、至急目を通すよう勧められた。しかし泥酔していたアルキアスは「急ぎの用なら明日でよかろう」と言って書簡を枕の下に納めてしまい、間もなく宴席に女装で紛れていた刺客に殺害された。

【古代ギリシアの哲学者】

デモクリトス

Δημόκριτος

前 460 頃～前 370 頃（没年齢不詳）

死因 ▸▸▸ **病死**

「笑う哲学者」として知られ、万物の根源はそれ以上分割できない「アトモン」であると説き、古代ギリシア原子論の確立者とされる。極めて高齢となり、病にかかって死期が近づいていた時、彼の妹が、豊穣を願うテスモポリア祭の間にデモクリトスが死んでしまったら、自分が祭に参加できず務めを果たせない、と悩んでいた。するとデモクリトスは、毎日焼きたてのパンを持ってくるよう命じた。温かいパンを鼻にあてがうと、湯気を吸って匂いを嗅ぐことで命をつなぎ、３日間の祭が終わると苦しまずに世を去った。

【エペソスの住民】

ヘロストラトス

Ἡρόστρατος

？〜前356頃（没年齢不詳）

死因 ▸▸▸ 処刑

自分の名を永遠に残すために、最も美しい建物とされていたエペソスのアルテミス神殿に放火し、倒壊させた。裁判にかけられた際に動機が判明したので、死刑とともに記録抹消刑にも処された。記録抹消刑とは、あらゆる文書などから彼の名前を消し、今後罪人の名を口にした者は死刑に処すことにして、人々の記憶に残らないようにする、という刑罰だった。しかし歴史家たちがこの異様な事件を記録してしまったため、ヘロストラトスは思惑通りに名を後世へ残すことができた。

【中国戦国時代の魏の武将】

龐涓

ほう・けん

？～前342（没年齢不詳）

死因 ▸▸▸ 自殺

かつて自分が陥れ追放した同門の孫臏《そんぴん》が、隣国の斉《せい》の軍師となって魏《ぎ》に攻めてきた。他国へ遠征していた龐涓は急いで帰国し、後から斉軍を追いかけた。斉軍の宿営地の跡に残るかまどの数が日に日に減っているのを見た龐涓は、斉兵が次々逃亡していると思い込み、喜んで先を急いだ。夜に狭い道に差しかかった時、龐涓は1本の木に目を留め、暗闇に火をともした。幹に書かれた「龐涓この樹の下に死す」の文字を読んだその時、四方から矢の雨が降ってきた。孫臏の策にはまったと悟った龐涓は「最後に奴に名を成させてしまったか」と言って自分の首をはねた。

【古代ギリシアの哲学者】

ゾイロス

Ζωΐλος

前420頃〜前320頃（没年齢不詳）

死因 ▸▸▸ 磔刑

ソフィストの一人。毒舌家で誰彼構わず悪口を言い立てるのを好み、特に『イーリアス』『オデュッセイア』で有名なホメロスの叙事詩を激しく攻撃したため、「ホメロマスティクス」（ホメロスを鞭打つ者）とあだ名された。エジプトのプトレマイオス2世の宮廷を訪れ、自身の作品を披露して報酬を求めたが、王は不快に思って怒り「はるか昔に死んだホメロスは長年にわたり多くの者を養っているのに、それを凌《りょう》駕《が》すると自称する者が自分すら養えないのか」と言い返し、褒美を与えるどころか磔《はりつけ》にして処刑した。

【古代ギリシアの科学者、哲学者】

アリストテレス

Ἀριστοτέλης

前384～前322（62歳没）

死因 ▸▸▸ 入水？

哲学や自然科学の広い範囲で活躍し、後世にも多大な影響を与え「万学の父」と呼ばれる。マケドニアのアレクサンドロス3世（大王）の家庭教師を務めたことでも知られる。胃病により没したとされるが、一説ではギリシアのエウリポス海峡で複雑かつ不可思議な潮流が起きる理由を説明することができず、「エウリポスよ、私を飲み下せ。私はお前を理解することができないから」と言ってその海流の中に身を投じたとも言われている。

【古代ギリシアの哲学者】

クセノクラテス

Ξενοκράτης

前396頃〜前314（82歳没？）

死因 ▸▸▸ **転倒死**

プラトンのもとでアリストテレスらとともに学び、後に知と徳、徳と幸福の一致を唱えたとされる。愚鈍だが勤勉で実直な人物として知られ、師から「アリストテレスには手綱が必要だが、クセノクラテスには拍車が必要だ」と評された。高名な遊女の誘惑や賄賂に動じず、貧窮のあまり税金を払えず一時奴隷として売られたことすらあった。その一方で自身の学園を運営し、25年にわたり弟子を指導した。夜中に鍋につまずいて転倒し、額を強打して死去。

【古代ギリシアの音楽家】

ストラトニコス

Στρατόνικος

前 410 頃～前 320 頃（没年齢不詳）

死因 ▸▸▸ **処刑**

アテナイ出身で、竪琴《たてごと》奏者としてギリシア世界をめぐり、辛辣で歯に衣着せぬ警句を吐くことで知られていた。キプロスのサラミス王ニコクレスの宮廷にいた時、宴席で放屁してしまった王妃が、アーモンドの実を靴で踏み潰し音を立てて誤魔化そうとした。しかしストラトニコスは「違う音だった」と揶揄《やゆ》したため、怒りを買って海へ投げ込まれた。

【中国戦国時代の秦王／家臣】

武王 ／ 孟説

ぶおう ／ もう・せつ

前329～前307（22歳没）／ ？～前307（没年齢不詳）

死因 ▸▸▸ 脚の骨折 ／ 処刑

武王は後に中国を統一した始皇帝の曽祖父の兄にあたる。彼は怪力自慢で、周囲でもただ力持ちなだけの人間を重用していた。ある時、武王はそうした怪力の家臣の一人であった孟説と、鼎《かなえ》※を持ち上げて力比べをしようとした。ところが武王は鼎を持ち上げようとしたときに臏《ひん》※が折れて死亡。孟説は王殺しの罪を着せられ、一族もろとも処刑された。

※鼎……３本脚の金属製の器。
※臏……膝蓋骨もしくは脛骨。

COLUMN 1

現実離れした「死」

伝記や歴史を書き残す人というのは、過去の人物の一生をその人物のイメージに合わせて脚色したがるものだ。特に最期、死に様は狙われやすい。例えば聖人は偉大な死に方をして、極悪人は報いを受けるのだと、そういう歴史家自身の願望が筆に乗って史実を曲げてしまう。

本書では極力省いたつもりだが、それでも歴史家のちょっとした「嘘」を批判抜きに伝えてしまっているかもしれないし、また筆者自身のせいで何かが間違って伝わってしまうかもしれない。歴史を書くのは本当に難しい。

さて、脚色された「死」の中でも、あまりにも人間離れしたエピソードなら怪しいとすぐ分かる。奇跡が起きたのだとさえ言い訳しておけば、もう歴史家のやりたい放題だ。ただ、中には奇跡の無駄遣いというか、もうちょっとマシな話にならなかったのかと言いたくなるような、微妙な人間臭さが漂う話もある。逆に悪人や、歴史家が個人的に嫌う人物の死に様も、好き勝手に脚色されがちである。悪人は報いを受けるものだという思いが強すぎて、どこまでも酷い死に方をさせたがるのだ。ここではそうした、史実とはまた違った趣のある「死」をいくつか紹介しよう。

古代ギリシアの哲学者であるクラゾメナイのヘルモティモスは、精神が万物の根源であると説いた。彼自身、自由に霊魂を肉体から離脱させて、自由に飛び回ったり遠くのことを知ったりすることができた。しかしある時、霊魂が飛び回っている間に妻（あるいは敵）に肉体を焼かれてしまい、帰る場所を失ってしまったという。

仏教の開祖・釈迦の弟子である阿難《あなん》（アーナンダ）は、インドに割拠する国々の王たちから崇敬されていた。それだけに、自分が死んだと知ったら諸国が遺骨をめぐって争いだすだろうと危惧して、人知れず川に自分の身を任せようとした。しかしその時大地が鳴動し、阿難がいるのに気づいた人々が集まってきてしまった。阿難は彼らに教えを授けた後、虚空に浮かび上がるとその身を四つに分裂させた。諸国は降ってきた欠片を厚く供養したという。

平安時代末期の武士である平清盛の死因は、熱病だった。これ自体はおそらく史実で、具体的にはマラリアや髄膜炎、溶連菌感染症などにかかったのだろうと推測されているのだが、古典が伝えるその発熱ぶりの描写が凄まじい。

『平家物語』によれば、病床の清盛は他人が4、5間（約7～9メートル）以内に近寄れないほどの熱を発していた。樋《かけひ》を使って比叡山から汲んできた冷水を打たせかけてみたものの、「焼け石に水」という言葉のように注いだそばから沸騰してしまった。さらに清盛自身から滴る汗は炎となって、殿中に黒煙が立ち込め火柱が渦巻くようであった。板に水を張って横たわってみたものの快復せず、ついに「あつち死に（跳ねるように身もだえして死ぬこと）」した、という。

本当にこんな灼熱地獄が出現していたのなら、「法要供養などは無用、ただ（反乱を起こした）源頼朝の首を墓前に供えよ」という壮絶な遺言を残す余裕もなく焼け死んでいるはずだ。『平家物語』などの作者たちは、栄華を極めた清盛と平氏政権が転落していく諸行無常を、異常な死に様を描くことで表現したかったのだろう。

人の死を揶揄するのはよろしくない、という道徳は確かにあるのだが、実際のところ歴史家たちにとって、その人物の人生を象徴する終結点である死に様ほど「いじりがいがある」ものはなかった。そこにはたいてい、書き記した者の歴史観や好き嫌い、執筆当時の社会状況などが反映されている。もし改変があったとしても、真っ向から切り捨ててしまうのではなく、「なぜ改変されたのか」を読み解くのも大事なことだ。やはり歴史は難しいが、面白い。

第二章

大帝国の平和と混乱

（～4世紀）

ユーラシアの東西に大帝国が出現すると、人の営みは変わった。血の上に築かれた平和を享受し、安穏と堕落の内に生涯を終える者もいれば、巨大な組織の闇に身を投じ、あるいは帝国の盛衰に翻弄されて苦しみの内に死ぬ者も。生き方の変化とともに、「死」も変わっていく。

【中国戦国時代の趙王】

武霊王

ぶれいおう

？～前298（没年齢不詳）

死因 ▸▸▸ **餓死**

遊牧民の服装と弓術を取り入れた胡服騎射《こふくきしゃ》を導入して、趙を大国に押し上げた。しかし次男の恵文王《けいぶんおう》に譲位しながら長男の公子章《こうししょう》を憐れみ優柔不断な姿勢をとった結果、内乱を招いた。敗れた公子章が武霊王を頼り屋敷に逃げ込んだので、恵文王側の武将たちに包囲された。公子章は屋敷の中で死去したが、包囲軍の武将たちは図らずも未だ事実上の君主である武霊王に刀を向けたことになるので、後で武霊王に殺されることを恐れて包囲を続行した。武霊王は外に出られず食料も尽き、雀のヒナを捕って食べるなど苦しんだ末、3か月後に餓死。

【シュラクサイの僭主、シチリアの王】

アガトクレス

Ἀγαθοκλῆς των Συρακουσών

前 360 ～前 289（71 歳没）

死因 ▸▸▸ **毒殺・焼死**

陶工の息子に生まれた。生まれ故郷であるシチリアのシュラクサイ（シラクサ）の街から追放されたが、傭兵を集めて逆にシュラクサイを制圧して、この都市国家の支配者となった。その後は軍を強化し、地中海世界各地へ活発に遠征した。病床についた時、王位を狙う孫のアルカガトスの陰謀にはまり、毒を仕込まれた爪楊枝を使って動けなくなったところを生きたまま火葬された。

【エペイロス王】

ピュロス

Πύρρος

前319～前272（47歳没）

死因 ▸▸▸ **戦死**

アレクサンドロス大王と並び称される軍事的天才で、大王没後のマケドニア・ギリシア世界を席巻し、イタリア半島やシチリア島にも進出した。ギリシアの都市国家アルゴスを攻めた際、夜陰に紛れて内通者に城壁の門を開けさせ侵入しようとしたが、手違いが重なりエペイロス軍は市内に閉じ込められ大混乱に陥った。市街戦の中でピュロスも自ら剣を取り、あるアルゴス兵と戦うことになったが、その様子を敵兵の母親が屋根の上から眺めていた。母親がとっさに投げつけた瓦がピュロスの頭を直撃し、ピュロスは気絶して首を斬られた。

【古代ギリシアの哲学者】

キティオンのゼノン

Ζήνων ὁ Κιτιεύς

前 334 頃〜前 262 頃（72 歳没？）

死因 ▶▶▶ **息を止める**

禁欲主義で知られるストア派の創始者。一度も病気にかかったことがなく、健康を保っていた。しかしある日、自分が主催している学園から出かけて行こうとした時につまずいて転倒し、つま先の骨を折った。するとゼノンは拳で地を叩きながら、「いま行くところだ、どうしてそう、わたしを呼び立てるのか」と劇の台詞の一節を唱え、その場で自ら息を止めて死去。

【古代ギリシアの哲学者】

転向者ディオニュシオス

Διονύσιος ὁ Μεταθέμενος

前4世紀〜前250頃（没年齢不詳）

死因 ▸▸▸ 断食による餓死

キティオンのゼノンの弟子でストア派に属していたが、自分が眼病に苦しむゆえに、快楽こそ人生の目的であると説き、快楽主義への「転向者」と呼ばれた。歯茎に炎症が起きたので、医者たちの言葉に従って2日間食事を断った。その結果ある程度回復してきたので、医者たちはいつも通り食事をとることを許した。しかしディオニュシオスは「自分はすでに人生の道のりをあまりにも遠くまで歩みすぎてしまった」と述べ、そのまま断食を続行して死亡。

【中国戦国時代の燕の有力者】

田光

でん・こう

？～前227（没年齢不詳）

死因 ▶▶▶ **自殺**

秦の政王《せいおう》（後の始皇帝）が諸国を征服していくのに危機感を覚えた燕《えん》の王子の太子丹《たいしたん》は、政王の暗殺を企てた。知恵者で知られる田光は太子丹に呼ばれて相談を受け、食客《しょっかく》※の荊軻《けいか》を刺客として推薦した。太子丹は門まで田光を見送り「私が言ったこともあなたが言ったことも国家の大事ですから、どうか他に漏らさないように」と言った。帰った田光は荊軻に計画を伝えた後「徳のある人は他人に疑われないようにすると聞くが、太子は『漏らさないように』と言った。これは私を疑っているということであり、自分の不徳の致すところだ」と述べて自らの首をはねた。

※食客……権力者に才能を買われ、養われている人。

【秦の宦官】

趙高

ちょう・こう

？〜前 207（没年齢不詳）

死因 ▸▸▸ **暗殺**

始皇帝の側近くに仕えていたが、その死に際して聞き取った遺言をすり変え、始皇帝の子であり自分がもともと仕えていた胡亥《こがい》を二世皇帝にした。胡亥は暗愚だったために趙高が実権を握り、次々と政敵を処刑しつつ暴政を極めた。しかし始皇帝以来の圧政に反発して起きた反乱が激しさを増すと、趙高は胡亥に全責任を負わせて自殺させ、人望の厚い皇族の子嬰《しえい》を王としつつ反乱軍に国を売ろうとした。しかし身の危険を感じた子嬰が病と称して出てこないので、父祖の廟《びょう》に行くよう呼びに行ったところを子嬰に刺殺された。

【ハスモン朝の将軍】

エレアザル・マカバイ

אלעזר המכבי

？～前162（没年齢不詳）

死因 ▸▸▸ **ゾウに押し潰される**

セレウコス朝の圧政に苦しんでいたユダヤ人は、ハスモン朝を建ててセレウコス朝と戦った。ハスモン朝2代目の指導者ユダの弟であるエレアザルは、敵軍の中にひときわ大きなゾウが巨大な櫓《やぐら》と金で飾った武具を乗せているのを見て、これに敵王が乗っているものと思い込んだ（実際に乗っていたのは平民だった）。隊列から飛び出して目当ての象に駆け寄ったエレアザルだったが、ゾウが予想外に大きく、乗っている人間に槍が届きそうになかった。そこで象の下腹を突いたところ、ゾウが倒れてきて押し潰され死亡。

【ペルガモン王】

アッタロス3世

Ἄτταλος Γ´

前171～前133（38歳没）

死因 ▸▸▸ **熱中症**

アナトリア半島西部にあったペルガモン王国の最後の王。叔父である前王をはじめ親族を次々と殺害して王位に就いた。毒薬の研究を好み、自ら庭園で毒草を栽培しては毒殺に使ったり、囚人を使って人体実験をしたりしていた。しかしあまりに熱を上げすぎ、ある日庭仕事を長時間続けたために熱中症で倒れ、1週間後に死去。後継ぎがなかったため共和政ローマにペルガモンを譲ると遺言し、王国は滅亡した。

【前漢の皇族、呉の世子】

劉賢

りゅう・けん

前2世紀頃（没年齢不詳）

死因 ▸▸▸ 喧嘩による外傷

前漢に従う呉王劉濞《りゅうび》の子。前漢の都の長安に赴いて文帝《ぶんてい》に拝謁した後、文帝の子の劉啓《りゅうけい》（後の景帝、劉賢とは又従兄弟）とともに酒を飲み、博《はく》※で遊ぶことになった。ところが2人はサイコロの目をめぐって口論し、従わなかった劉賢は怒った劉啓に博の盤を投げつけられて死亡。父の劉濞はこれに抗議し、病と称して文帝の元へ拝謁しに行かなくなり、後に景帝が即位すると呉楚七国の乱を起こした。

※博……すごろくに似た古代中国のボードゲーム。

【前漢の武将】

李広

りこう

？～前 119（没年齢不詳）

死因 ▸▸▸ **自殺**

武帝の時代に北方の遊牧国家である匈奴《きょうど》との戦争で活躍したが、年を取るにつれて衰えを見せ、武帝の信頼も失い、ついに遠征軍から外されそうになった。猛抗議によってなんとか参加できることになったものの、前線ではなく脇方の武将に任じられてしまい、本軍と別れて進軍するうちに道に迷い遅参してしまう。大将軍の衛青《えいせい》から送られた使者が酒を振舞いながら「このこと（遅刻）は陛下にも報告する」と言ったところ、李広は家臣を集め「大将軍が部署を変えたせいで迂回させられ道を間違えた。これも天命だ」と述べて自分の首をはねた。

【前漢の武将】

李敢

り・かん

？～？（没年齢不詳）

死因 ▸▸▸ 射殺

李広の三男。父の死の元凶として衛青を恨み、殴って傷つけた。衛青はこれを隠していたものの、その甥の霍去病《かくきょへい》が知って李敢を恨んだ。後に武帝が催した狩猟の最中に、李敢は霍去病に射殺された。武帝は霍去病を寵愛していたため罰することなく、李敢は鹿の角にかけられて死んだことにされた。彼の甥（李広の孫）である李陵《りりょう》も、匈奴と奮戦してやむなく捕らわれたのを「進んで降伏した」と讒言《ざんげん》され、武帝に家族を皆殺しにされる憂き目にあうことになる。

【古代ギリシアの詩人】

シドンのアンティパトロス

Ἀντίπατρος ὁ Σιδώνιος

前２世紀頃（没年齢不詳）

死因 ››› **熱病**

エジプトのピラミッドをはじめとした、現在知られているいわゆる「世界の七不思議」の原型をまとめた人物として知られている。ローマに来てエピグラム※詩人として活躍した。アンティパトロスは毎年1回、自分の誕生日にだけ熱を出す奇病を持っていた。彼が相当の年齢に達したとき、この熱病に体が耐えられなくなって死去。

※エピグラム……簡潔で機知に富んだ風刺詩、警句。

【共和政ローマの政治家】

ガイウス・ユリウス・カエサル／ガイウス・ユリウス・カエサル

Gaius Julius Caesar / Gaius Julius Caesar

？～？（没年齢不詳）／？～85（没年齢不詳）

死因 ▸▸▸ 不明

一般にガイウス・ユリウス・カエサルと言えば、共和政ローマ末期に活躍し終身独裁官となった人物のことを指すが、その父、祖父、曾祖父に至るまでが同名のガイウス・ユリウス・カエサルであった。祖父は法務官在任中、ピサで靴を履いている最中に急死。父（大カエサルとも）は各地の属州総督を歴任した後、ローマで靴を履いている最中に急死。

カエサル（父）

【ポントス王】

ミトリダテス6世

Mithridates VI

前132～前63（69歳没）

死因 ▸▸▸ 刺殺

ポントスをアナトリア半島の大国に成長させ、共和政ローマと三度にわたり戦った。しかし最終的に息子に裏切られて追い詰められ、常に隠し持っていた毒薬を使って自殺しようとした。まず先に毒をあおいだ2人の娘は即死し、ミトリダテス6世も同じ猛毒を飲んだ。しかし彼は日頃から毒殺を恐れて少しずつ毒を飲み耐性をつけていたので、いざという時に死ぬことができなかった。腕がしびれて短剣を抜くこともできなかったので、忠実な護衛兵に頼んで自分を刺殺させた。

【共和政ローマの政治家】

マルクス・ポルキウス・カト・ウティケンシス

Marcus Porcius Cato Uticensis

前 95 〜前 46（49 歳没）

死因 ▸▸▸ 割腹自殺

小カトとも呼ばれる。「それにしてもカルタゴは滅ぶべきである」の言葉で知られる大カトの曾孫《ひまご》。カエサルと激しく対立し、紀元前49年の内乱ではポンペイウスに味方してアフリカで戦うも敗れた。敵軍に街を包囲されたカトは、カエサルへの服従を拒んで突然自らの腹に短刀を突き立てた。気を失い崩れ落ちた拍子に計算盤をひっくり返して大きな音が出たため部屋の外の者に気づかれ、すぐに侍医が駆けつけて傷口を縫合した。しかししばらくして、カトは人がいなくなったのを見計らって自ら傷口を破り、内臓を引きずり出して死亡。

【共和政ローマの軍人、政治家】

マルクス・アントニウス

Marcus Antonius

前83～前30（53歳没）

死因 ▸▸▸ 割腹自殺

カエサルの部下として活躍し、カエサル暗殺後はその首謀者たちを破って権力者となった。しかしエジプト女王クレオパトラに魅了されてローマ領の東半分を勝手に2人で分割するなどの行動でローマ市民に見放された。2人はカエサルの甥オクタウィアヌスと戦って敗れ、エジプトに逃げ帰った。クレオパトラの使者から彼女が自殺したと聞くと、これを信じたアントニウスは自殺しようと剣で腹を突いたが、後から実はクレオパトラは死んでいないと知らされた。アントニウスは瀕死の状態でクレオパトラの元に運ばれ、嘆く彼女の元で死去。

【新の皇帝】

王莽

おう・もう

前45〜23（67歳没）

死因 ▸▸▸ 反乱による殺害

漢の皇帝の母の一族で、実権を握ると帝位を奪い、新を建国した。しかし急進的な改革や凶作などにより、漢の復活を求める反乱が各地で起こった。迷信深い王莽は、かねてより薬石や銅を使って北斗七星の形をした「威《い》斗《と》」という神器をつくり、これが反乱軍を鎮めると信じていた。漢の反乱軍が宮殿に押し寄せても威斗を敵兵に向け「天は徳を私に与えたのだ、漢兵に何ができる」とうそぶいたが、結局反乱兵がなだれ込み首を斬られた。王莽の首は孔子の履物などとともに各王朝の皇帝の宝物とされていたが、２６２年後に火事で焼失した。

【ローマ帝国の皇族】

クラウディウス・ドルスス

Claudius Drusus

？〜20（没年齢不詳）

死因 ▸▸▸ ナシを喉に詰まらせる

ローマ皇帝ティベリウスの大甥《おおおい》。後の皇帝クラウディウスの長男。権臣セイヤヌスの娘と結婚したため、男子がないティベリウスの後継ぎ候補とも言われた。ところが結婚式の数日後、ふざけてナシを高く放り上げ口で受け止めようとして失敗し、喉に詰まらせて窒息死。あまりに急な死であったため、セイヤヌスはドルスス暗殺の嫌疑をかけられた。

【ローマ帝国の政治家】

ルキウス・アエリウス・セイヤヌス

Lucius Aelius Seianus

前 20 ～ 31（50 歳没）

死因 ▸▸▸ **処刑**

皇帝ティベリウスの友人で、彼がカプリ島に引きこもると代わりにローマで権勢を振るった。次期皇帝の座を狙ってライバルを次々と排除、最後にはティベリウスの暗殺も企んだ。そこにティベリウスからローマへ書簡が届き、セイヤヌスも出席する元老院議場で読み上げられた。取り留めもない内容から始まった長い書簡は、途中からセイヤヌスを非難する論調に変わり、最後は「セイヤヌスを拘束せよ」という命令で締めくくられた。セイヤヌスはその場で捕縛され即日処刑、ローマではセイヤヌス派と目された人々への大虐殺が行われた。

【ローマ帝国の政治家】

グナエウス・コルネリウス・レントゥルス・アウグル

Gnaeus Cornelius Lentulus Augur

前47頃～25（71歳没？）

死因 ▸▸▸ **自殺？**

貧しい出自から執政官にまで出世した。また非常に貪欲で、財をため込みローマ随一の大富豪となったが、死去する際にその財産をすべてティベリウス帝に遺贈した。一説によれば、ティベリウスは以前からレントゥルスの資産を狙っていたものの、彼がなかなか死なないのに痺れを切らし、彼を大逆罪で告発させた。すぐに罰せられることはなかったものの、レントゥルスは絶えず恐怖と心労に悩まされ続け、翌年にティベリウスを唯一の遺産相続人に指名することでようやく自殺することを許されたのだという。

【ローマ皇帝】

ティベリウス

Tiberius

前 42 〜 37（77 歳没）

死因 ▸▸▸ 毛布による窒息死

地中海のカプリ島に引きこもり、ローマに書簡だけ送って帝国を統治したことや、セイヤヌス派粛清事件などもあり、ローマの元老院や民衆から憎まれていた。重い病に苦しんだ末に、病床から立ち上がろうとしたが力尽き崩れ落ちた。それを見た臣下たちはティベリウスが死んだと確信し、その手から皇帝の証である指輪を奪い取って次期皇帝カリグラに挨拶に行こうとした。ところが病室にいた奴隷が「皇帝が生き返った」と知らせにきたので、臣下たちは粛清されるのを恐れ、慌ててティベリウスの体の上に大量の毛布を投げ窒息死させた。

【ローマ帝国の美食家】

マルクス・ガウィウス・アピキウス

Marcus Gavius Apicius

前25頃〜37頃（61歳没？）

死因 ▸▸▸ **服毒自殺**

1億セステルティウス※という莫大な財産を放蕩に使った快楽主義者で、ティベリウス帝の皇子である小ドルススと親しく、寵臣セイヤヌスらと男色関係にあった。アフリカで巨大エビが採れると聞いて嵐も厭わず地中海を渡ったものの、到着先で漁師に見せてもらったエビがイタリアの高級エビとさして変わらないのを見て上陸もせず引き返した、などというエピソードが知られる。贅沢三昧の生活の末に1000万セステルティウスしか財産が残っていないと知ると、もう今までの暮らしは出来ないと悟って毒をあおり自殺。

※セステルティウス……古代ローマで使われた硬貨の一つ。当時の兵士の日給が4セステルティウス程度であった。

【ローマ帝国の政治家】

ガイウス・カルプルニウス・アウィオラ

Gaius Calpurnius Aviola

前1世紀～1世紀（没年齢不詳）

死因 ▸▸▸ **焼死**

ガリア・ルグドゥネンシス属州（現フランス東部・北部）やアシア属州（現トルコ西部）の総督を務め、ガリアではアンデカウィ族の反乱鎮圧に功があった。24年には補欠執政官も務めた。一旦は死去したと思われ火葬台に載せられたが、点火したその時に蘇生した。しかし火の勢いが強く、周囲にいた者が助け出すこともできず、そのまま焼死。

【ローマ帝国の皇后】

小アグリッピナ

Agrippina Minor

15～59（43歳没）

死因 ▸▸▸ **暗殺**

夫の皇帝クラウディウスを毒キノコで暗殺し、連れ子であるネロを帝位につけて実権を握ったが、ネロが成長すると母子間も不和となった。ネロは母に毒を盛ったり吊天井で圧死させたりしようとしたが失敗。続いて壊れやすい船をつくり、母をおだててそれに乗せ沖合に出たところで沈めさせたが、小アグリッピナは泳ぎがうまく助かった。ついにネロが刺客を送ってくると、小アグリッピナは下腹部を露出し「ここを突きなさい、ネロはここから生まれたのだから」と言い放ち殺害された。

【ローマ帝国の皇后】

ポッパエア・サビナ

Poppaea Sabina

30 〜 65（35 歳没）

死因 ▸▸▸ 腹を蹴られる

もとは皇帝ネロの側近の妻であったが、ネロの愛人になり、皇后と自分の夫を処刑させてから自ら正式な皇后となった。妊娠中のある時、ポッパエアはネロに帰りが遅いと文句を言ったが、かんしゃくを起こしたネロに腹を蹴られて死亡。ネロは深く愛していた妻の「死」を深く悲しんで盛大な葬儀をおこない、彼女を神格化して神殿を立てたり、よく似た美少年を女装させてサビナと名乗らせ結婚式を挙げたりした。

【ローマ皇帝】

ネロ

Nero Claudius Caesar Augustus Germanicus

37 ～ 68（30 歳没）

死因 ▸▸▸ **自殺**

帝国各地で反乱がおこり穀物の値段が高騰する中、穀倉地帯であるエジプトから着いた船が、ネロの宮廷格闘士用の砂場の砂を積んでいたために民衆の怒りを買った。反乱軍がローマに近づき元老院や近衛兵にも見捨てられたので、わずかな従者とともに別荘へ逃げ込んだ。そこで自殺しようとするも勇気が出ず、「誰か手本を示してくれ」などと渋っていたが、ネロの捕縛を命じられた騎兵の蹄の音が聞こえてきたので、ついに自らの喉を剣で突いた。そこに飛び込んできた追手の百人隊長に「遅かった。でもそれが忠義か」と述べ、絶命。

【ローマ皇帝】

ウェスパシアヌス

Titus Flavius Vespasianus

9 ～ 79（69 歳没）

死因 ▸▸▸ **病死**

ネロの死後の内乱を勝ち抜いて帝位につき、混乱を鎮めてフラウィウス朝を開いた。コロッセオの建設を始めたことでも知られる。吝嗇家《りんしょくか》で、軽妙で皮肉な冗談を好んだ。屎尿《しにょう》税の導入に異議を唱えた息子に金の臭いを嗅がせ「糞尿から取り上げた金だよ」と言ったという。死病に倒れた時には「おお、どうやら私は神になるらしい」とつぶやき、最期は「最高司令官は立ったまま死なねばならぬ」と言って立ち上がったまま死去した。

【ローマ皇帝】

ドミティアヌス

Domitianus

51～96（44歳没）

死因 ▸▸▸ 謀殺

若い頃に占星術師から、自分が将来暗殺されることを当日の時刻まで細かく予言された。その日が近づくにつれ雷や嵐が頻発し、彼の死を予言する者が次々と現れて恐怖に苛まれた。当日、彼が時間を聞いた時、まさに予言の第5時だったのに、そばにいた者はわざと「第6時です」と答えた。「予言が外れた」と安心し喜び勇んだドミティアヌスは午睡の準備を始めたが、使者が急報を持ってきたと聞いて、寝所で人払いをして謁見し、その使者に暗殺された。この陰謀には彼の友人や寝室係、皇后に至るまで周囲のあらゆる人々が加担していた。

【ローマ帝国の貴族】

クラウディウス・ポンペイアヌス・クインティアヌス

Claudius Pompeianus Quintianus

？～182（没年齢不詳）

死因 ▸▸▸ **処刑**

怠惰で残忍な皇帝コンモドゥスによる暴政が繰り広げられる中、皇帝の姉ルキラや元老院議員らによるコンモドゥス暗殺計画が企てられた。実際にコンモドゥスを刺殺する役として選ばれたのが、ルキラの夫の甥であるクインティアヌスだった。しかし彼は抜身の剣を持ってコンモドゥスに歩み寄り、不用意に「この剣は元老院があなたに送ったものだ！」と叫び、自ら陰謀とその黒幕を明かしてしまった。クインティアヌスは皇帝を刺す前に取り押さえられてしまい、他の陰謀関係者らとともに処刑された。

【後漢の群雄】

韓馥

かん・ふく

？～192頃（没年齢不詳）

死因 ▸▸▸ **自殺**

後漢末期、董卓《とうたく》の暴政に反発して挙兵した群雄の一人。群雄の中でも抜きん出た存在だった袁紹《えんしょう》と手を組み、皇族の劉虞《りゅうぐ》を皇帝に擁立しようとしたが失敗した。敗北を重ね、臆病な性格も災いし、袁紹に地位を奪われ部下にも見限られたため、他の群雄の一人である張邈《ちょうばく》のもとに逃げた。ある時、張邈のもとに袁紹の使者がやってきた。使者が張邈に何か耳打ちしたのを目にした韓馥は、自分を殺す謀議をしているのだと思い込んで、厠に行き自殺した。

【ローマ皇帝】

カラカラ

Caracalla, Lucius Septimius Bassianus

188 ～ 217（29歳没）

死因 ▸▸▸ **刺殺**

アントニヌス勅令※の発布や、ローマのカラカラ浴場の建設で知られる。弟や民衆を虐殺したり、重税を課したりするといった暴政を繰り広げ、その後の帝国の衰退のきっかけをつくった皇帝とされる。遠征で移動中、馬を降りて小用を足していたところを後ろから近衛兵に刺殺された。殺害の動機は、親族が無実の罪で処刑されたことだった。

※アントニヌス勅令……212年に制定された、帝国の自由民全員に市民権を与える法令。税収確保のためのものとされる。

【魏末期の政治家、武将】

司馬師

しば・し

208～255（47歳没）

死因 ▸▸▸ 眼球が飛び出す

司馬懿《しばい》の子で、後の西晋の初代皇帝司馬炎《しばえん》の叔父。魏の実権を掌握し、有力な夏侯《かこう》家を滅ぼし皇帝を廃するなどして権力を強めていくが、これに反発した武将たちが反乱を起こしたので、自ら鎮圧に向かった。戦いは一方的な勝利へ向かったが、ある時反乱軍の一隊が十数騎で奇襲をかけてきて、陣を荒らしたのちに駆け去っていった。以前から司馬師は目の上に巨大な瘤《こぶ》を患っていたが、この奇襲で驚いた拍子に眼球が瘤に押され飛び出た。しかし自軍が動揺するのを恐れて、布で覆って隠しながら指揮を執った。その後傷が悪化して死去。

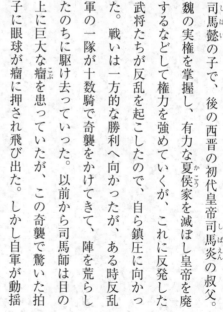

【ローマ帝国の助祭、殉教者】

ラウレンティウス

Laurentius

？〜258（没年齢不詳）

死因 ▸▸▸ 火刑

ローマで禁じられていたキリスト教を布教していた。ともに活動していた教皇らが捕まり処刑された際、ラウレンティウスは教会の財宝のありかを案内するよう役人たちに言われ、面倒を見ていた乞食たちを我々の宝と言って見せたため、捕らえられた。焼き網に縛りつけられ、時間をかけて火あぶりで処刑されたのだが、焼かれ始めてからしばらくして刑吏に「こちら側はもう焼けたから、ひっくり返してください」と伝えた。後にキリスト教会の聖人となり、火傷などからの保護者、料理人やコメディアンなどの守護聖人とされている。

【西晋の政治家】

王衍

おう・えん

256 ～ 311（55歳没）

死因 ▸▸▸ 壁による圧殺

才気と容貌に優れ名声もあったが、出世して西晋の首脳となってからも清談※ばかりにふけったため、西晋は混乱していった。漢と戦って捕らえられ、敵の将軍の石勒《せきろく》に「なぜ西晋はここまで衰退したか」と問われた王衍は、西晋の滅亡は必然だったと言い、石勒に皇帝を名乗るよう勧めた。石勒は「名声高く責任もあったお前にこそ罪がある」と怒ったものの、王衍の才能を惜しみ処分を迷った。しかし家臣に諫《いさ》められ、せめてもの慈悲として血で汚れぬよう、他の捕虜のように斬殺せず、壁を崩し下敷きにして処刑した。

※清談……魏晋時代に知識人の間で流行した、実のない哲学的な議論。

【東晋の易者、文学者】

郭璞

かく・はく

276～324（48歳没）

死因 ▸▸▸ **処刑**

筮竹《ぜいちく》※を用いた占いを得意として五胡十六国時代の戦乱を予見し、東晋を建国した司馬睿《しばえい》らを助けた。建国の功臣の一人だった王敦《おうとん》が反乱を起こした際、東晋の大臣たちから反乱鎮圧の成否を尋ねられた郭璞は「大吉」と答えた。一方王敦も郭璞を呼びよせ吉凶を占わせたが、郭璞は「卦によれば、あなたが事を起こせば災いを招き、長くは生きられぬ」と答えた。怒った王敦が「ではそなたの寿命はどうだ？」と問うと、郭璞は「今日の夕暮れまでに命尽きるでしょう」と答え、その日のうちに王敦に処刑された。その後間もなく王敦も敗死した。

※筮竹……占いで用いる50本の竹の棒。

【後燕の皇帝】

慕容垂

ぼよう・すい

326 〜 396（70 歳没）

死因 ▸▸▸ **憤死**

五胡十六国時代の前燕《ぜんえん》の皇族で優れた将軍だったが、亡命して前秦の前燕征服に協力した。前秦が没落すると、前燕の故地に後燕《こうえん》を建国し皇帝となった。独立を図る北魏と戦う途中で病に倒れた。代わりに息子たちが向かったが参合陂《さんごうは》の戦いで大敗、捕虜もほぼ全員生き埋めにされた。これを聞いた慕容垂は自ら出陣して北魏を破り、参合陂まで進んだ。そこで彼は先の戦いで積み上げられた骸骨の山を発見し、弔いの祭礼をおこなった。死者の父兄が一斉に泣き叫びだしたのを聞いた慕容垂は、憤怒し自らの過ちを深く恥じるあまり突然喀血《かっけつ》して倒れ、間もなく死去。

【東晋の皇帝】

孝武帝

こうぶてい

362 〜 396（34歳没）

死因 ▸▸▸ 布団による圧殺

弟で後見人の司馬道子《しばどうし》とともに遊興や酒色に溺れ、国を傾けた。張貴人《ちょうきじん》という女性を特に寵愛していたが、ある時に酒に酔って、冗談で「お前はもう年だから廃さねば。私はもっと若いのが欲しくなった」と軽口をたたいた。30歳近くになっていた張貴人はこれを真に受けて怒り、泥酔して寝ている孝武帝の寝所に召使を差し向け、厚い布団をかぶせ圧殺させた。張貴人は臣下に「陛下が突然亡くなられた」と触れ回り、暗愚の司馬道子もそれを疑わず事を収めてしまった。

COLUMN 2

いつかやってくる「死」を忘れるな
——今を生きる人への警告

ここは古代地中海世界の中心地、ローマ。今日はこの共和政ローマの首都が、数十年に一度あるかないかの活況に沸いている。辺境で勝利を収め帰還した将軍による、凱旋式が開催されるのだ。市街を練り歩く行列は捕虜から始まり、軍団兵、戦利品、元老院議員らと、いずれもそのきらびやかさには目を見張る。しかしやはりこのパレードの主役は、4頭立ての戦車に乗って現れる凱旋将軍である。一段と豪華に着飾り、群衆の歓呼の声を一身に浴びるのだが……。

2世紀の著述家テルトゥリアヌスは、その将軍につきまとう少し異様な光景を書き記している。

「彼（凱旋将軍）は背後からこのような警句を受けるのだ。

『背後を見よ。自分が人間であることを忘れるな。』」

つまり人生の絶頂にいて、ともすればこの栄光が永遠に続くように思ってしまいそうな将軍に「勘違いするな、お前は今後どうなるか分からないし、いつかは死ぬただの人間に過ぎないのだ」と冷や水を浴びせる役目の人がいたというのである。

この話は後世になって「身分の低い奴隷が将軍の背後で『死を忘れるな』と呟き続けるしきたりがあった」といういかにも示唆的な伝説となった。ただ、どうもこれは眉唾物らしい。大プリニウスによれば将軍の頭上に冠を捧げ持つ奴隷が戦車に同乗していたというが、それが戒めを説いていたという話は、古代の著述家の中の誰も記録していないという。

なんにせよ、「死を忘れるな（メメント・モリ）」というモチーフは、古代世界から現代に至るまで延々と受け継がれてきた。栄華を極める王侯でも、毎日の生活にも事欠く貧民でも、死は平等に訪れる。特に疫病が流行った時など、人々はそれを思い出すのである。

特に中世ヨーロッパでは、人口の相当な割合を死に至らしめた黒死病（ペスト）をはじめ、疫病や飢饉、戦乱による「死」が、その辺りに普通に転がっていた。死神が分け隔てなく人々を誘う「死の舞踏」が芸術のモチーフとして使われ、墓碑には「死を忘れるな」の言葉が好んで使われた。まだ現世にいる人々を引きずり込もうとするかのように。

しかし一方で、死を忘れないということは、命ある今を存分に生きるということの裏返しでもある。「メメント・モリ」には「今を楽しめ」という意味も込められているのだ。

第三章

秩序の崩壊と立て直し

（～10世紀）

前時代の大帝国が崩れ去り、周縁にいた集団が表舞台に現れた。旧秩序を滅ぼした彼らは蛮族と呼ばれつつ、次第にかつての世界を復興しよう、また自分たちの新しい風を吹き込もうとした。しかし一筋縄でゆかぬ「再建」は結局全く異なる世界と、多くの「死」をもたらした。

【西ゴート王】

テオドリック1世

Theodoricus I

？～451（没年齢不詳）

死因 ▸▸▸ **戦死**

南フランスの広い範囲を支配し、西ローマ帝国との間で衝突と同盟を繰り返した。アッティラ率いるフン族が侵攻してきた際は西ローマ帝国と手を組んで対抗し、カタラウヌムの戦いで対峙した。この戦いは最終的に西ローマ・西ゴート連合軍の勝利に終わるが、テオドリック1世は戦闘中に敵兵に打たれ、もしくは投槍に当たって落馬し、味方の西ゴート騎兵に踏み潰されて死亡。

【フン族の王】

アッティラ

Attila

？～453（没年齢不詳）

死因 ▸▸▸ **鼻血による窒息死**

兄を殺して単独のフン王となり、中欧を中心としてヨーロッパの広い範囲を影響下に置き、征服したゲルマン人などとともに大帝国を築いた。そして東西のローマ帝国を脅かしては貢納金を支払わせた。ある時イルディコという若い美女を妻とし、その婚礼で喜びのあまり我を忘れて大量の酒を飲み、泥酔したままあおむけの体勢で就寝した。しかしその夜中に大量の鼻血を出し、窒息して死亡。

【宋の皇帝】

劉子業

りゅう・しぎょう

449～466（16歳没）

死因　▸▸▸　暗殺

中国南北朝時代、南朝・宋の第5代皇帝。高官や一族を次々と殺害し、放蕩に明け暮れた。ある時、宮中の婦人（女官もしくは妻女）たちに裸で鬼ごっこをするよう命じ、従わなかった一人を斬殺した。その夜、殺した婦人が夢に出て「帝は道を外している、来年を迎えることはありますまい」と言った。目覚めて怒った子業は似ている者をもう一人殺したが、今度はその女性も夢に現れ「（天の）上帝に訴えたぞ」と呪ってきた。巫女の調べでは鬼（幽霊）がいるというので、数百人の巫女を集め鬼払いの儀式を催し、そこで臣下に暗殺された。

【第20代天皇】

安康天皇

あんこうてんのう

5世紀頃（没年齢不詳）

死因 ▸▸▸ **暗殺**

告げ口にだまされて叔父の大日下王《おおくさかのみこ》を殺し、その妃であった長田大郎女《ながたのおおいらつめ》を奪って自分の皇后にした。この大日下王と長田大郎女の間には目弱王《まよわのみこ》という子がいたが、父が殺されたことは知らずに育てられた。ある時、安康天皇は長田大郎女に「目弱王が将来成人して、私が本当の父を殺したと知ったら、反逆心を抱かないだろうか」と心配事を語った後、昼寝した。しかしまさにその時、当の目弱王が床下で遊んでいた。真実を聞き知った7歳の目弱王は、すぐに天皇が寝ているところを狙って忍び寄り、近くに置いてあった刀で天皇の首を斬った。

【東ゴート人の傭兵隊長】

テオドリック・ストラボ

Theodoricus Strabo

？～481（没年齢不詳）

死因 ▸▸▸ 事故死

東ローマ帝国内外の東ゴート人をまとめ上げ、時には帝国と戦い、時には帝国に属する傭兵隊長として活躍しながら勢力を拡大した。ある時、ストラボは陣中で乗馬したまま居眠りをし、滑り落ちてしまった。勢いあまってすぐ隣にあったテントにもたれかかる形になったが、たまたま幕の裏に槍が立てかけてあり、倒れかかったストラボの体を貫いてしまった。

【東ローマ皇帝】

ゼノン

Ζήνων

426～491（65歳没）

死因 ▸▸▸ **生きたまま棺に封じられる**

イサウリア族の族長で、皇帝レオ1世の娘と結婚して跡を継いだ。しかし市民からは野蛮人とみられ、戦争では負けたり敵前逃亡したりと醜態を晒した。数々の反乱は何とかしのいだものの人望はなかった。宴会で酔って眠り込んだ隙に皇后に運び出され、棺に封じられた。一説には病で気絶し死んだと思われたとも。棺の中で目が覚めたゼノンは外に助けを求め叫び続けたが、皇后を含め誰も棺を開けようとせず、そのまま葬られた。

【フランク人の王】

カラリック

Chararic

6世紀初頭（没年齢不詳）

死因 ▸▸▸ **斬首刑**

フランク人が諸部族に分かれていた時代の王の一人。他部族の王だったクローヴィス1世に援軍を求められた時、傍観を決め込み勝った方と手を組もうとしたため、彼の怒りを買って攻め込まれた。捕らえられたカラリックは髪を剃られ、自身は司祭、息子は助祭にされた。カラリックが屈辱に悲しんでいると、息子が「緑の木は葉を刈り取られてもまた成長できるではありませんか。早くこんなことをした者を討ちたいものです」と慰めた。父子が髪を伸ばして自分を殺そうとしていることを知ったクローヴィス1世は、ただちに父子を斬首した。

【フランク人の王族】

クロデリク

Chloderic

6世紀初頭（没年齢不詳）

死因 ▸▸▸ 斬殺

クローヴィス1世は、自分に従う族長の一人シギベルトの領土を奪おうと企み、ひそかにシギベルトの息子クロデリクに「年老いて足も悪いお父上に何かあれば、その領土はあなたのものだ」と吹き込んだ。欲に駆られたクロデリクは刺客を放ちシギベルトを暗殺した。クローヴィス1世の使者がシギベルトの遺した財宝を見聞しに来た時、クロデリクがある箱を指し「父はここに金貨をしまっていました」と言った。すると使者は「では手を底まで入れてください」と言い、クロデリクが従ったところでその頭に斧を振り下ろした。

【ヘルリ人の王】

ロドゥルフス

Rodulfus

？～512（没年齢不詳）

死因 ▸▸▸ **戦死**

ランゴバルド人との野戦で、最初から味方の勝利を確信し、自らは陣営でボードゲームに興じつつ、家臣の一人に木へ登り物見をするよう命じ「もしヘルリ軍が退却しているなどと伝えたら首を切り落としてやる」と脅した。家臣は味方が押し返され逃げ始めるのを見たが報告できず、ついに「哀れなヘルリ、天主の怒りによって打ちのめされるとは」と叫んだ。ロドゥルフスが「まさか我がヘルリが退却しているのか」と聞くと臣下は「そう言ったのは私ではなく王様ご自身です」と返答した。まもなく敵軍が陣営に襲いかかり、ロドゥルフスは戦死した。

【パリの助祭】

テウドゥルフス

Theodulfus

？〜 590（没年齢不詳）

死因 ▸▸▸ 転落死

博識を鼻にかけて他人と揉めてばかりいる人物で、自分の教会にめったに行かないのでパリ司教から何度も破門されていた。温厚なアンジェ司教に取り入り、ある時アンジェ司教が市壁の見晴台で催した宴会に出席した。酩酊して足元もおぼつかなくなったテオドゥルフスは、自分の足元を灯りで照らしていた従僕を突然わけもなく殴りつけた。ところがその反動でテオドゥルフス自身がバランスを崩し、そばにいた司教の帯にかかっていた手拭いを掴んだが止まり切れず、そのまま市壁の上から転落して石畳に激突し、死亡した。

【ランゴバルド王】

アルボイン

Alboin

526 ～ 572（46歳没）

死因 ▸▸▸ **暗殺**

北イタリアの大部分を征服し王国を建てた。ゲピド人の王クニムンドを殺してその頭蓋骨で酒杯をつくり、捕虜とした王女ロセムンダを妻とした。ある宴席で泥酔したアルボインは、ロセムンダにクニムンドの髑髏杯で酒を飲ませようとした。怒ったロセムンダは父の仇《かたき》を討つことを決意した。アルボインの近習ヘルミキスと共謀して王国一の壮士を脅迫し、午睡中のアルボインを襲わせた。アルボインは飛び起きて応戦しようとしたが、すでに武器は持ち去られ、自分の剣も固く縛られていた。仕方なく腰掛けを取って防戦したものの、敵わず殺された。

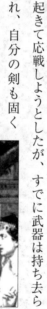

【ランゴバルド王妃／近習】

ロセムンダ ／ ヘルミキス

Rosamund / Helmichis

？～572（没年齢不詳）／ ？～572（没年齢不詳）

死因 ▸▸▸ 毒を飲ませ合う

アルボイン暗殺後、ヘルミキスは王位を奪おうとしたが失敗した。そこでロセムンダは、ランゴバルド人と敵対していた東ローマ帝国のラヴェンナ総督ロンギヌスに助けを求め、ヘルミキスや財宝とともにラヴェンナへ脱出した。ロンギヌスは到着したロセムンダに対し、ヘルミキスを殺して自分の妻になるよう言い寄った。これに惹かれたロセムンダは、風呂上がりのヘルミキスに「健康にいいから」と言って毒杯を飲ませた。途中で自分が毒を飲んだことを悟ったヘルミキスは、ロセムンダの頭上に剣を抜き放ち、毒杯の残りを飲むよう強いた。

ロセムンダ

ヘルミキス

【唐の詩人】

劉希夷

りゅう・きい

651 ～ 679（28 歳没）

死因 ▸▸▸ 圧殺

酒と音楽を愛し、科挙に合格しても仕官せず各地を遊び歩いた。代表作に「年年歳歳花相似たり……」という書き出しで知られる「代《だい》悲《ひ》白頭翁《はくとうおう》」があるが、これをまだ世に出していないうちに叔父が聞きつけて、自作ということにしたいから譲ってくれないかと頼んできた。劉希夷が断ると、機嫌を損ねた叔父は使用人に命じて劉希夷を土袋で圧殺させた。

【ランゴバルド王】

アリペルト2世

Aripert II

？～712（没年齢不詳）

死因 ▸▸▸ **溺死**

幼い王とその後見人アンスプランドを破って王位を奪った。10年後、アンスプランドが亡命先のバイエルン人の助けを得てランゴバルド王国に帰ってきたので会戦が起こり、初日はアリペルト2世軍の勝利に終わった。ところが、まだ敵味方が陣営を構えて対峙しているのにアリペルト2世は自陣にとどまらず首都に帰ってしまったため、自軍の怒りを買い敵軍の士気を回復させてしまった。それに気づいたアリペルト2世は宮廷から黄金を持ち出しフランスへ亡命しようとしたが、川を渡る際に黄金の重みで沈み、溺死。

【ベネウェントゥム公】

ゴデスカルクス

Godescalcus

？～742（没年齢不詳）

死因 ▶▶▶ 暗殺

ベネウェントゥム公国はランゴバルド王国の半独立的な分国であった。ゴデスカルクスは無断でベネウェントゥム公に即位したため、ランゴバルド王の討伐を受けた。勝ち目がないとみた彼は、東ローマ帝国へ船で亡命しようとした。しかし、妻や調度品の一切を船に載せ終わり、最後に自分が乗ろうとしたところで政敵の配下に襲われ刺殺された。船は亡くなったゴデスカルクス一人を残してそのまま出航し、無事に東ローマ帝国に到着した。

【ウマイヤ朝の最後のカリフ】

マルワーン2世

مروان

691 ～ 750（59歳没）

死因 ››› 戦死

アッバース朝軍と対峙し「今日の日没までに彼らが戦闘を仕掛けてこなければ勝ちだ」と従者に語ったが、家臣が勝手に戦闘を始めてしまった。ウマイヤ軍の兵は戦う気がなく、軍団に命令すると「他に命じて」、親衛隊長に下馬するよう命じると「死にたくないから」と拒まれ、罰してやると言えば「そう出来ることを願っております」と返された。金を兵にばらまき戦意回復を試みるも、持ち逃げを防ぐために息子の部隊が最後尾へ向かったのを見た兵が「負けだ、負けだ」と叫んで逃亡、ウマイヤ軍は壊滅。マルワーンも敗走した末に戦死。

【アッバース朝のカリフ】

マフディー

المهدي

744～785（41歳没）

死因 ▸▸▸ **事故死？ 中毒死？**

『千夜一夜物語』で知られるハールーン・アッラシードの父。一説では、猟場でレイヨウ※を追っていた時、そのレイヨウが廃屋に逃げ込んでしまった。その後を追ってマフディーは馬に乗ったまま突入し、門に激突して背骨を折り即死した。またもう一説では、ある侍女が他の侍女を殺そうと企んで食べ物に毒を仕込んだところ、マフディーがそうと知らずに食べてしまい死亡した。

※レイヨウ……ウシ科の一種の総称。体型がシカに似ており、アフリカやインドの草原に分布する。

【東ローマ皇帝】

レオーン5世アルメニオス

Λέων Ε′ ὁ Ἀρμένιος

775～820（45歳没）

死因 ▸▸▸ **暗殺**

友人のミカエルを近衛長官に任命したが、ある時その家来がレオーン5世暗殺を試みたため、ミカエルを反逆罪で投獄し、宮中で火刑に処そうとした。しかしちょうどその日がクリスマス前日だったため、皇后が儀式が終わるまでミカエルの処刑を延期するよう求めた。これに応じ処刑を1日延期したレオーン5世であったが、翌朝に聖歌を歌いに宮殿の礼拝堂に行ったとき、僧に変装していたミカエル支持者に襲われ、燭台で応戦したものの殺害された。ミカエルは夜のうちに脱出に成功しており、ミカエル2世として皇帝に即位した。

【ローマ教皇】

ヨハネス8世

Ioannes VIII

？～882（没年齢不詳）

死因 ▸▸▸ **撲殺**

北の分裂したフランク王国の混乱を調停し、東方のスラヴ人への布教に力を入れ、南からローマに攻め寄せたイスラーム教徒を撃退するなど、この時期の教皇としては有能な人物であった。しかしある有力な聖職者たちを破門したことで恨みを買い、買収された家族や側近に毒を盛られた。ところが、その毒の効き目が薄かったので、結局ハンマーで頭を殴られ死亡。

【唐末期の武将】

楊彦洪

ようげんこう

？～ 884（没年齢不詳）

死因 ▸▸▸ 射殺

唐の実力者の朱全忠《しゅぜんちゅう》に仕えた。ライバルの李克用《りこくよう》を宴に招き、騙し討ちする計画を主従で立てたが、泥酔させたはずの李克用らに脱出されてしまった。楊彦洪は「胡人（突厥《とっけつ》人である李克用らのこと）はすぐに馬に乗るものだから、騎乗している者を見たら射ましょう」と朱全忠に伝え、自ら李克用を追うため馬に乗ったところを朱全忠に射殺された。翌日李克用が朱全忠に抗議文を送ると、朱全忠は「昨晩の騙し討ちについては私は知らない。朝廷の使者と楊彦洪が勝手にやったことで、楊彦洪はすでに処刑しておいた」と返書した。

【オークニー諸島のヴァイキング】

シグルド・エイステインソン

Sigurd Eysteinsson

？～892（没年齢不詳）

死因 ▸▸▸ 生首の歯で脚を負傷する

ノルウェーを統一したハーラル1世美髪王に仕えた。王とともにオークニー諸島を征服した際にヤール（領主）に任じられ、これを足がかりとしてスコットランドの北半分を征服し大勢力を築いた。その征服戦争の途中、あるピクト人勢力の長を討ち取って、その生首を戦果として自分の馬の鞍にくくりつけた。しかし帰還する道中で、馬を進ませようと蹴った拍子に自分のふくらはぎを生首の歯に叩きつけてしまい、間もなくその傷が化膿して死去。

【五代十国の呉の武将】

朱瑾

しゅ・きん

867 〜 918（51歳没）

死因 ▸▸▸ **自殺**

呉の3代の君主に仕えた。3代目の楊隆演《ようりゅうえん》は若く無能で、家臣たちに軽んじられていた。ある酒宴の席で、丞相（宰相）の息子徐知訓《じょちくん》が酔って楊隆演を罵倒し、泣かせた。その場にいた朱瑾は怒って徐知訓を殺し、その首級を掲げ「呉の疾患を除きましたぞ」と言ったが、楊隆演は「知ったことじゃない」と叫んで部屋に逃げ帰ってしまった。ますます怒った朱瑾は徐知訓の首を柱に投げつけた後、丞相の兵から逃げようとしたが、夜遅くであったため城門が閉まっていた。城壁をよじ登ろうとするも落ちて脚を折り、どうにもならず自分の首を斬って死亡。

【平安時代の貴族】

藤原保忠

ふじわらのやすただ

890 ～ 936（46 歳没）

死因 ▸▸▸ **怖がりすぎ**

菅原道真が藤原時平《ときひら》に失脚させられ九州・大宰府《だざいふ》で失意のうちに亡くなった時、京ではその怨霊が祟りを起こすと噂され、恐れられた。時平の長男である保忠も、父の行いのために祟りをひどく恐れていた。ある時に病にかかり、回復を願ってさまざまな祈祷をあげてもらっていた。枕元で僧が薬師経の読経をする中で「所謂、宮毘羅《くびら》大将」という一節が高々と読み上げられたとき、右近衛大将《うこんえのだいしょう》※であった保忠は「自分をくびる（絞め殺す）」のだと誤解し、恐怖のあまり気絶してそのまま死去。

※右近衛大将……宮中の警固などを司る右近衛府（うこんえふ）の長官。

【遼の武将】

趙思温

ちょう・しおん

？～ 939（没年齢不詳）

死因 ▸▸▸ **不明**

唐の滅亡後に訪れた五代十国の戦乱の時代、数々の王朝が入れ替わると同時に、仕える国を次々と代えて活躍する人材も少なくなかった。優れた武将であった趙思温は、燕、後唐、遼と仕える国を変え、どこでも厚遇された。鋭敏で膂力《りょりょく》もあり、流れ矢が目に当たっても服を裂いて止血帯にして戦い続けるという豪傑だった。ある時、庭に隕石が落ちて死去。

【ロートリンゲン公】

コンラート赤公

Konrad der Rote

922頃～955（33歳没？）

死因 ▸▸▸ **戦死**

東フランク王（後の神聖ローマ皇帝）オットー1世に服する諸侯の一人。オットー1世に反乱を起こしたが、王国にマジャル人の脅威が迫ったため、再び帰順した。レヒフェルトの戦いで、コンラートはオットー1世に従い、マジャル人を打ち破るのに大きな役割を果たした。しかしほぼ勝利が決まった頃に、コンラートが暑さのあまり兜を脱いだところ、飛んできた矢にあたって戦死。

【ローマ教皇】

ヨハネス12世

Ioannes XII

937〜964（27歳没）

死因 ▸▸▸ **絞殺**

教皇でありながらギャンブルや酒に溺れ、無計画に教皇領を広げようとして反撃され窮地に陥った。ドイツのオットー1世に皇帝の位を与えて助けられたものの、すぐにオットー1世と対立してついに廃位された。その後は後任とされた教皇と争っていたが、ある日に人妻と一緒にベッドに入っていたところをその夫に発見され、絞め殺されたうえで窓から放り出された。

COLUMN 3

衝撃的な「殺し方」

本書で集めた「死」の中には、誰かに殺された例も少なくない。殺された理由や自業自得なシチュエーションが衝撃的なゆえに1ページを使って紹介しているのだが、逆に「どうやって人を死に至らしめたか」を見ていくと、これまた歴史上の小話には事欠かない。ここではそんなショッキングな「殺し方」を、ただグロテスクなだけのものは省きつつ、いくつか紹介しよう。

アッバース朝の第2代カリフであるマンスールは、反乱を起こした叔父のアブド・アッラーフを捕らえた。大方の予想に反して、マンスールはこの叔父を許し、屋敷まで与えた。ところがその屋敷は基礎が塩でできており、マンスールの命で水が流し込まれると瞬く間に崩壊して叔父を圧死させてしまった。自分の手を汚したくないにしても、随分まわりくどい殺し方である。

東ローマ皇帝バシレイオス2世は、宿敵サムイル率いるブルガリア帝国にベラシツァの戦いで大勝利を収め、１万４０００人もの敵兵を捕虜にした。すると彼は、捕虜を１００人１組として各人の両目を潰し、片目だけ潰した１人にその先導を命じて解放した。サムイルは先に辛うじて逃げ帰っていたのだが、後から次々と帰ってくる盲目の味方の行列を見て卒倒し、２日後に死んでしまった。バシレイオス２世の「ブルガリア人殺し」という異名は伊達ではない。

唐末期の実力者であった朱全忠は、前宰相をはじめとして30人の高官を殺害し、遺体を黄河に投げ込むという「白馬《はくば》の禍《か》」を起こした。なぜそんなことになったのか。

朱全忠の部下に李振《りしん》という者がいて、彼は度々科挙に挑んだものの落ち続け、合格者たちに恨みを募らせていた。朱全忠に従って白馬の地に来た時、彼の目の前に並んでいたのは、科挙に合格して栄達を極めた者たちである。そこで李振は、朱全忠に進言した。

「こいつらはいつも『清流』などと自称しています。ならばこいつらを黄河に投げ込んで、濁流にしてしまいましょう！」

自身も農民からの成り上がり者であった朱全忠は、笑ってその通りにさせた。世界史の中でも洪《こう》秀全《しゅうぜん》に次ぐ「学歴コンプレックス」が生んだ悲劇かもしれない。

「殺し方」とはまた少し違うが、ローマ教皇ステファヌス6世（7世）にも触れておこう。彼は先々代の教皇フォルモススをなぜか酷く恨んでいた。そこで彼は1年近く前にもう死んでいるフォルモススの遺体を引きずり出し、裁判にかけた。いわゆる「死体裁判」である。ステファヌス6世は物言わぬ遺体を、不正に教皇の座に就いたなどの罪で断罪し、ローマを流れるテヴェレ川に投げ込ませた。

歴史上、人間は数えきれないほどの「殺し方」を編み出してきた。そんな悪趣味で、道を踏み外しているともいえる趣味を持つ人々は、どんな最期を迎えるのだろう。

朱全忠は唐を滅ぼし後梁《こうりょう》の皇帝へ上り詰めたが、実子に刺殺された。李振は後梁が滅亡した際に身の振り方を誤り、一族もろとも処刑された。ステファヌス6世も、死体裁判の後まもなく、彼の暴挙に怒ったローマ市民に捕らえられて廃位され、絞殺されてしまった。

めぐりめぐって罰が当たるというのは、必ずではないが、やはりよくあることらしい。

第四章

地域を超える交流

（～15世紀）

十字軍やモンゴル帝国の台頭は、それまでの文化圏のまとまりを超えた衝突と交流を引き起こした。歴史家たちは、文化が違う隣の地域で起きた「死」を、驚きとともに記録した。そして武士の時代が到来した日本もまた、独自の「死」の歴史を歩み始めた。

【東ローマ皇帝】

ロマノス3世アルギュロス

Ρωμανός Γ′ Αργυρός

968 ～ 1034（66歳没）

死因 ▸▸▸ 風呂で溺死

61歳の時、死の床にある皇帝コンスタンティノス8世から次期皇帝に指名され、愛妻と離婚し皇帝の次女と結婚させられたうえで、数日後に即位した。しかし皇帝としての資質に欠け、遠征に出ても敵に迎え撃たれた時に反撃もせず率先して逃亡する有り様だった。病気の治療のため、宮殿の風呂で泳いでいた最中に溺死。実際は皇后か誰かの命令により、風呂の召使に突き落とされ暗殺されたのだとも言われている。

【セルジューク朝のスルタン】

アルプ・アルスラーン

الپ ارسلان

1029 ～ 1072（43歳没）

死因 ››› 刺殺

第2代スルタン※として帝国繁栄の基礎を固めた。東方へ遠征した時、ユースフという敵将を捕らえて引見し、彼を杭に縛りつけ処刑するよう命じた。するとユースフは「俺のような男をそんな風に殺すのか？」と叫んだ。この挑発に怒ったアルプ・アルスラーンは、ユースフの拘束を解かせたうえで玉座に座ったまま自ら弓を引いて射殺そうとしたが、的を外した。襲いかかってくるユースフを前に慌てて立ち上がったが足を滑らせ転倒、短剣を奪われ刺殺された。周囲の兵が恐れて逃げ惑う中、ユースフは陣営のテントの掃除人に殺された。

※スルタン……イスラーム王朝で用いられた君主の称号の一つ。

【第１回十字軍の兵士】

ピエール・バルテルミー

Pierre Barthélemy

？～1099（没年齢不詳）

死因 ▸▸▸ **火傷？**

プロヴァンスの巡礼者の従者として十字軍に参加した。アンティオキア包囲戦が難航していた時、ピエールは神のお告げにより聖槍《せいそう》※を発見したと喧伝した。信憑性を疑う者たちの要求により、彼は炎の中を無傷で通り抜けられるかという神明裁判に挑み、数日後に死亡。ピエールを疑っていた者と信じていた者で死因の記録が異なり、前者は大火傷を負ったのだとするが、後者は見事無傷で通り抜けたものの、利益にあやかろうと押しかけた群衆に潰され大怪我を負ったのだと記している。

※聖槍……キリストが磔にされた際、その脇腹を突いたという槍。

【フランスの共同王】

フィリップ・ド・フランス

Philippe de France

1116～1131（15歳没）

死因 ▸▸▸ 落馬死

ルイ6世の息子で、13歳で共同王として即位した。カペー朝フランスでは、父王が健在なうちに息子を共同王として即位させることがよくあった。馬に乗ってパリの街を回っていた時、突然飛び出してきた豚がフィリップの馬の脚の間を走り抜けていった。驚いた馬に振り落とされたフィリップは、手足をひどく折って翌日に死去。フランス王の一人として手厚く埋葬された。

【フランスの説教僧】

ピエール・ド・ブリュイ

Pierre De Bruys

？～1131（没年齢不詳）

死因 ▸▸▸ **焼死**

カトリック教会の混乱期に登場した異端的な宗教家の一人。教会の権威を否定し、教会堂や十字架を破壊したり、祭壇をひっくり返したり、修道士を拘束・監禁して無理やり結婚させたりするなど、暴力的な反教会活動を展開した。しかしサン＝ジル※で説教をした際、十字架を薪がわりにして燃やしたところ、怒った群衆の一人によってその炎の中に突き飛ばされ死亡。

※サン＝ジル……フランス南部の都市。キリスト教の巡礼地の一つ。

【平安時代の武士】

源経光

みなもとのつねみつ

？〜1146（没年齢不詳）

死因 ▸▸▸ 落雷死

多田《ただ》源氏《げんじ》※の出で、白河天皇の皇女で自身の従妹でもある官子《かんし》内親王に仕えてその邸宅にいたが、病をわずらって寝込んでいた。ある夜、激しい雷鳴が聞こえてきたのに驚いて兵仗《ひょうじょう》※を手に取ったが、そこに落ちてきた雷が直撃して即死。傍らに経光の妻もおり、衣が破れ吹き飛ばされていたが無事だった。

なお、この兵仗について「俗に之を奈木奈多と号す」という記述があり、これが「なぎなた」という言葉の初出であるともされている。

※多田源氏……摂津国多田庄に居住した源満仲（みなもとのみつなか）を祖とする一族。
※兵仗……戦闘に使う棒状の武器。

【イングランド王】

ヘンリー2世

Henry II

1133 ～ 1189（56 歳没）

死因 ▸▸▸ **病死**

イングランドの無政府時代を終わらせ、現在のフランスの西半分も合わせた広大な領土を手にしたが、家族と仲が悪く4人の息子のうち上の3人に断続的に反乱を起こされていた。残る末子のジョンを溺愛し、彼に次男リチャードの領地を与えようとしたため、リチャードがフランス王と組んで反乱を起こした。味方が次々と離反していく中、フランス王と交渉したとき、互いの陣営の名簿を交換することになった。自分を裏切って敵についた者たちのリストの筆頭にジョンの名があるのに気づき、ヘンリー2世は最後の気力を失いまもなく死去。

【神聖ローマ皇帝】

フリードリヒ1世

Friedrich I

1122〜1190（68歳没）

死因 ▸▸▸ 溺死

帝国内の混乱を収めて強大な勢力を築き、ローマ教皇や周辺諸国を脅かして「赤髭（バルバロッサ）」という異名で恐れられた。第3回十字軍では大軍を率いて陸路で聖地イェルサレムを目指し、敵を破りながら進むも、灼熱と食糧不足に苦しめられた。サレフ川※に至った時、フリードリヒ1世は暑さに耐えかね、鎧も脱がず馬に乗ったまま川に飛び込み渡ろうとした。しかし冷水に触れ心臓発作を起こし、流れの速さと鎧の重みのため浮かび上がることもできず溺死。主を失った十字軍の主力は聖地のはるか手前で瓦解した。

※サレフ川……現トルコ南東部にある川。

【ジュルキン族の力士】

ブリ・ボコ

Бүри бөх

？～1194（没年齢不詳）

死因 ▸▸▸ 相撲で背骨を折られる

ジュルキン族は豪勇で知られたが、テムジン（後にモンゴル帝国を建設するチンギス・カン）に敗れ、その支配下に入った。負けなしのジュルキン族一の力士ブリ・ボコは、テムジンの命令でテムジンの弟ベルグテイと相撲をすることになった。一旦は相手を押さえつけたものの、後から遠慮して自分から倒れてやった。するとベルグテイはブリ・ボコにまたがってその背を膝で抑え、テムジンの合図を見て背骨を折った。ブリ・ボコは「本当なら負けないのに、テムジンに遠慮してためらったせいで死を招いてしまった」と言って絶命した。

【ナイマン部の長】

タヤン・カン

Таян хан

？〜 1204（没年齢不詳）

死因 ▸▸▸ **戦死**

テムジンのモンゴル統一に対抗した最後の難敵だが、尊大なわりに臆病だった。テムジン軍が迫った時、山のふもとに陣取ったタヤン・カンはジャムカに敵の軍容を尋ねた。ジャムカはテムジンの盟友かつ宿敵という人物で、敵の将軍たちの豪傑ぶりを語った。恐怖を覚えたタヤン・カンは「愚か者から離れよう」などと虚勢を張って、陣を山の上へと退いた。ジャムカはタヤン・カンを見捨ててテムジンに人を送り「攻めるなら今」と伝えた。攻撃が始まると、ナイマン軍は逃げようとして次々と崖から転落し壊滅、タヤン・カンも戦死した。

【平安末期の武士】

長田忠致

おさだ・ただむね

？～1190（没年齢不詳）

死因 ▸▸▸ 土磔

主君の源義朝が平治の乱で敗れ逃げてきたのを騙し討ちにした。平氏から壱岐守《いきのかみ》に任じられた忠致は「これほどの功績なら美濃・尾張が欲しい」と訴えたが、不忠者として怒りを買い逃げ帰った。後に義朝の子の頼朝に従い、奮戦して多くの功を立てた。頼朝から恩賞をもらえることになり、喜んで参上したところを捕らえられ、義朝の墓の前で土磔《つちはっつけ》※にされた。巷では「きらへども　命の程は　壱岐のかみ　美の尾張をば　今ぞ給はる」〈命のある間は生き〈壱岐〉るべきであるが、今は身の終わり〈美濃・尾張〉を賜ったことだ〉という狂歌が流布した。

※土磔……地面に敷いた板の上に寝かせて行う磔。

【ローマ教皇】

ケレスティヌス4世

Caelestinus IV

？～1241（没年齢不詳）

死因 ▸▸▸ **病死**

前任のグレゴリウス9世が死去したのを受けて、ローマの貴族マッテオ・オルシーニが枢機卿たちを汚い不衛生な部屋に監禁し、新教皇を早急に選ぶよう強いた。困った枢機卿たちはひとまず早く死にそうな人物を教皇とし、しばらく時間を稼いだうえで改めて自由な状態で教皇選挙をおこなうことにした。そうして選出されたケレスティヌス4世は、高齢なうえに劣悪な部屋の環境のせいで体調を崩し、在位16日で死去。唯一こなした仕事はマッテオ・オルシーニを破門したことで、在位の短さとともに見事に期待に応えた教皇であった。

【鎌倉時代の第87代天皇】

四条天皇

しじょうてんのう

1231～1242（10歳没）

死因 ▸▸▸ いたずらによる転倒死

承久の乱で勝利した鎌倉幕府は、後鳥羽上皇とその子孫を排除して、後鳥羽上皇の甥の後堀河天皇を即位させた。四条天皇はその子で、わずか2歳で即位した。10歳になった頃の彼は遊び盛りで、ある時に御所の廊下で近習や女房を滑らせ笑いものにしようと考え、滑石《かっせき》※の粉をまいた。ところが四条天皇はこの仕掛けに自分で引っかかってしまい転倒、意識を失い4日後に死亡。突然の出来事で朝廷も幕府も混乱し、しかも後堀河系の天皇が絶えてしまったため、12日の空位期間の末に後鳥羽上皇の孫の後嵯峨天皇が即位することになった。

※滑石……鉱物の一つ。白色で非常にやわらかく、すべすべとしている。

【スコットランド王】

アレグザンダー3世

Alexander III

1241 ～ 1286（44 歳没）

死因 ▸▸▸ 落馬死

何代にもわたる宿敵ノルウェーを破り、イングランドのエドワード1世とは良好な関係を維持して、スコットランドの黄金時代を築いた。しかし王妃、次男、長女、長男が立て続けに死去し、継承者を失ってしまった。そこでアレグザンダー3世は若い伯女と再婚し、後継ぎを得るべく片時も傍から離れたがらなかった。結婚から半年後のある日、彼は政務を済ませると、悪天候を心配して引き留める家臣たちにも耳を貸さず、王妃の待つ離宮へむけて駆け出した。しかし暴風雨と夜陰の中で従者たちとはぐれ、馬がつまずいた拍子に落馬して死去。

【ノルウェー王女、スコットランド女王】

マーガレット

Margaret

1283 ～ 1290（7歳没）

死因 ▸▸▸ 船酔い

ノルウェー王エイリーク2世の娘で、母方の祖父がスコットランド王アレグザンダー3世であった。アレグザンダー3世は息子たち全員に先立たれ、後継者がいないまま急死したので、孫娘のマーガレットが次代スコットランド王に選ばれた。しかし彼女は3歳と幼かったため、そのままノルウェー王宮で暮らしていた。その後、イングランド王子エドワード（後の2世、当時4歳）と結婚することになったマーガレットは船に乗ってイギリス諸島を目指したが、本土を目前にして、オークニー諸島で極度の船酔いにより死去。

【ノルウェーの王位僭称者】

偽マルグレーテ※

Falske Margrete

1260頃～1301（41歳没？）

死因 ▸▸▸ 火刑

マーガレットが死去して10年後、自分こそマーガレットであると嘘をついてノルウェーの港に上陸した。彼女はオークニーで死なず、ドイツに送られてそこで結婚したのだと主張し、さらに自分を売り飛ばした犯人として数人を「反逆罪」で告発した。しかし実際にはマーガレットの遺体を父エイリーク2世（偽マルグレーテ出現の2年前に死去）が確認しており、また本当にマーガレットが生きていれば17歳なのに、偽マルグレーテはそれより20歳以上年上に見えた。まもなく偽マルグレーテは反逆罪で裁判にかけられ火あぶりにされた。

※マルグレーテはマーガレットのノルウェー語名。

【ブルターニュ公】

ジャン2世

Jean II

1239〜1305（66歳没）

死因 ▸▸▸ 圧死

第8回十字軍やアラゴン十字軍に参加し、イングランド王エドワード1世とフランス王フィリップ4世の間に挟まれて苦しい舵取りを強いられた。フランスのリヨンで行われた教皇クレメンス5世の戴冠式に出席し、教皇の乗る馬の手綱を引いて街を練り歩くことになった。ところが沿道の壁が、見物に集まってきた群衆に押されて崩落、ジャン2世たちを襲った。教皇は落馬で済んだものの、瓦礫に押し潰されたジャン2世は治療の甲斐なく死去。

【トゥグルク朝の初代スルタン】

ギヤースッディーン・トゥグルク

غياث الدين تغلق

?〜1325（没年齢不詳）

死因 ▸▸▸ 圧死

インド北部を支配していたハルジー朝の将軍で、主君を殺害した奴隷を倒し、自らスルタンとなった。遠征を終えて首都デリー近郊に帰ってきたとき、落雷によって崩壊した天幕の下敷きになって圧死。また異説として、息子ムハンマドによる謀殺説もある。ギヤースッディーンは彼に命じて自分のために仮設の建物を建てさせたが、この時ムハンマドは片方に重量をかけると建物が崩落する細工を施していた。ギヤースッディーンが建物に入ると、ムハンマドはその目の前で象を行進させた。そして計画通り建物は倒壊し、父を下敷きにした。

【イングランド王】

エドワード2世

Edward II

1284 ~ 1327（43歳没）

死因 ▸▸▸ **拷問**

同性愛関係にあったディスペンサー親子らを寵愛し、彼らとともに暴政を敷いた。フランスから来た王妃イザベラをないがしろにし、父エドワード1世が征服したスコットランドにも再独立されるという失策が続き、最終的にクーデターで廃位、監禁された。代わって実権を握ったイザベラは、エドワード2世が脱出して復位することを恐れ、この夫を暗殺するよう密命を出した。その結果、エドワード2世は、牢の中でならず者の騎士によって焼けた鉄棒を肛門に挿されるなどの拷問の末に死亡。

【鎌倉末期の武将】

名越宗教 ／ 名越兵庫助

なごや・むねのり ／ なごや・ひょうごのすけ

？〜1333（没年齢不詳）／ ？〜1333（没年齢不詳）

死因 ▸▸▸ 喧嘩で刺し違える

楠木正成《くすのきまさしげ》が討幕を目指し挙兵したので、名越氏は幕府軍の一角として楠木勢が立てこもる千早《ちはや》城を攻めた。しかし攻め寄せるたびに撃退され、敵に旗を奪われるなどして笑いものになった。幕府軍は力攻めを諦めて兵糧攻めすることにしたが、長引く城攻めの中で幕府軍は宴に明け暮れ、厭戦気分が高まっていった。宗教とその甥の兵庫助は陣中ですごろくをして暇を潰していたが、サイコロの目の数をめぐって口論となり、刀で刺し違えて２人とも死亡。これに続いてそれぞれの家来が同士討ちを始め、瞬く間に２００人以上が死亡した。

【ナバラ王】

カルロス2世

Karlos II

1332 〜 1387（54歳没）

死因 ▸▸▸ 焼死

イギリスとフランスの百年戦争において独自の外交戦略を駆使し、「邪悪王」と呼ばれた。手足を動かせなくなるほどの重病にかかり、ブランデーに浸した亜麻布の包帯で足から首まで全身を覆う治療をおこなうことになった。女官が夜中にこの作業にあたり、首まで包帯を巻き上げ端を縫い留めるところまで終わった。最後に若干余った糸を、女官はなぜかハサミを使わず蝋燭《ろうそく》の火で焼き切ろうとした。火はたちまちブランデー漬けの包帯に引火し、女官も驚いて逃げてしまったので、カルロス2世は一人で身動き一つとれぬまま炎に包まれた。

【ティムール朝の創始者】

ティムール

تیمور

1336 〜 1405（68 歳没）

死因 ▸▸▸ **病死**

モンゴル帝国の末裔で、中央アジアからペルシアに大帝国を築いた。中国の明へ遠征するが、厳しい寒さに苦しみ士気が下がってきたので、３日間に及ぶ宴会を開いた。士気を鼓舞しようとしたティムールは、何も食べず無理に酒を飲み続けて体調を崩し、数日後に死去。時は下って１９４１年、ソ連調査隊がティムールの墓を開いた。伝説ではそこに「墓を暴いた者は私より恐ろしい侵略者を解き放つ」と書いてあったとされ、２日後に独ソ戦が勃発。ソ連が遺骨を墓に戻して間もなくスターリングラード包囲戦が終結し、戦況はソ連有利に傾いた。

【アラゴン王】

マルティン1世

Martín I

1356 ~ 1410（53歳没）

死因 ▸▸▸ **消化不良・笑い死に**

シチリアやサルディーニャを獲得し、アラゴン王国を東地中海にまたがる安定した大国に発展させた。暴食癖があり、あるときガチョウ1羽を平らげてしまい、さすがに苦しくなって部屋で横になった。そこにお気に入りの道化師が入ってきて、「若い鹿が尻尾でその木に吊るされていましたよ。イチジクを盗み食いした自分を自分で罰したんでしょうね」と冗談を言ったところ、マルティン1世は笑いすぎて死亡。子どもが生き残っておらず後継者も定めないまま急死したため、アラゴンは王位をめぐる2年間の混乱に陥った。

【明の皇族】

朱高煦

しゅ・こうく

1380～1426（45歳没）

死因 ▸▸▸ 焼死

第3代皇帝・永楽帝《えいらくてい》の次男。自身の甥にあたる宣徳《せんとく》帝《てい》の時代、反乱を起こして帝位を奪おうとしたが露見し、捕らえられた。しばらくして、宣徳帝が自ら牢に赴いて面会しに来たが、朱高煦は宣徳帝を蹴飛ばしてしまった。激怒した宣徳帝は、重くて巨大な銅のかめを伏せ、朱高煦を中に閉じ込めさせた。しかし怪力持ちの朱高煦が大がめを中から持ち上げ始めたので、驚いた宣徳帝は大がめの上に炭を積み上げさせて火をつけ、朱高煦もろとも溶かしてしまった。

【室町幕府の第４代将軍】

足利義持

あしかが・よしもち

1386 ～ 1428（41歳没）

死因 ▸▸▸ できものを掻き壊す

父の義満の時代からの転換を図り、朝廷や有力な守護大名と比較的良好な関係を築いた。息子に将軍職を譲ったのちも実権を握り、室町将軍で最も長期間にわたり君臨した。１４２８年の元日、尻にできていた大きなできものを風呂の中で掻き壊し、傷が壊《え》疽《そ》を起こして倒れた。息子は既に死去していたが、義持は後継ぎを決めないまま1か月後に死去。その後、出家していた義持の弟たちの間でくじ引きをして次代将軍を決める事態となった。

【室町幕府の第６代将軍】

足利義教

あしかが・よしのり

1394～1441（47歳没）

死因 ▸▸▸ **暗殺**

兄の足利義持が死去した際、くじ引きで将軍に選ばれた。将軍の権力強化を目指し、守護大名を粛清したり、自分の息のかかった者へ無理やり家督を譲らせたりするなどの恐怖政治を敷いた。有力守護大名の赤松氏に対しても、当主の赤松満祐《あかまつみつすけ》を廃して自身の男色相手である赤松貞村《さだむら》を据えようとした。噂を聞いて危機感を覚えた満祐は「今年、館に子ガモがたくさん来たので、池で泳ぐ姿をお目にかけたい」と言い義教を招いた。まったく疑念を抱かず酒宴を楽しんでいた義教は、不意に赤松の手の者に囲まれ、抵抗する間もなく斬殺された。

【スコットランド王】

ジェームズ2世

James II

1430 ～ 1460（29歳没）

死因 ▸▸▸ **爆死**

父ジェームズ1世が暗殺されたため6歳で即位した。成人すると政治を牛耳っていたダグラス伯爵を自ら刺殺、その後の戦いでダグラス一族を打倒して、スコットランドをまとめ上げた。当時の最新技術だった大砲に興味を示し、イングランド軍に占領されていた城を奪い返す際に投入した。しかし彼の隣で城を砲撃していた大砲が暴発を起こし、破片が直撃して即死。

【室町時代の武将】

結城成朝

ゆうき・しげとも

1438 ～ 1462（24歳没）

死因 ▸▸▸ 暗殺

結城合戦で父が室町幕府と戦って敗死した後、3歳だった成朝は身を隠していたが、しばらくして旧臣たちとともにこっそり帰還して城を再興し、反幕府勢力の足利成氏《しげうじ》に従って幕府と戦った。1462年のある日、珍しく大雪が降った。成朝は結城城の将兵とともに雪見の宴を開いた後で「雪打《ゆきう》ち（雪合戦）」に興じていたが、彼を排除して権力を握ろうとたくらみ隙を窺っていた家老に襲われ、刺殺された。このあっけない最期は「結城打《ゆうきう》ち」と揶揄された。

【フランス王】

シャルル8世

Charles VIII

1470～1498（27歳没）

死因 ▸▸▸ 事故死

フランス北西部のブルターニュ公国を政略結婚で手に入れ、さらにイタリアに遠征して南イタリアのナポリ王国を征服した。しかし彼を危険視したローマ教皇や周辺諸国が大同盟を組み、フランスを攻めた。シャルル8世は一度は同盟軍と戦って破ったものの、ナポリで反乱が起こったり敵軍がフランスに侵入したりして、築いてきた地位を失っていった。そこでシャルル8世はスペインと同盟を組み、再びイタリア遠征に乗り出そうとしたが、遠征の準備中に城の改修工事を視察した際、誤って柱に頭を打ちつけて死亡。

【ティムール朝フェルガーナ政権の君主】

ウマル・シャイフ・ミールザー

عمر شیخ میرزا

1456～1494（37歳没）

死因 ▸▸▸ **転落死**

ティムールの玄孫で、初代ムガル皇帝バーブルの父。中央アジアのフェルガーナ地方（現在のウズベキスタン東部）を治め、川を見下ろす高い絶壁の上に立つ堅固な城を首都に定めた。兄や近隣の勢力と対立し、それらが攻めてきたのを迎え撃とうとしていた頃、首都の城の下の崖が崩落した。その時崖の真上の鳩小屋にいたウマル・シャイフは、鳩や鳩小屋とともに深い谷に落ちて死亡。

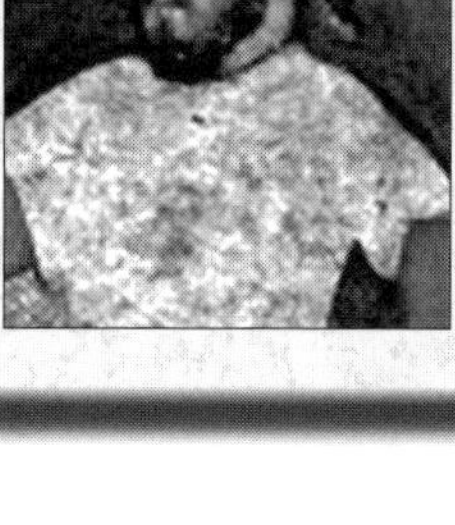

COLUMN 4

王殺し——天運尽きた時が人生の終わり

　王が人の上に立つのにはちゃんとした理由がある。古来、王は往々にして、神や天の声を聞いて民を導いたり、神にお伺いを立てたりする人間とされていた。王自身が民に幸福をもたらす神と考えられた場合もあった。だから王は「神聖にして侵すべからず」という存在なのだと思われている。しかし、本当にそうだと言い切れるだろうか？

　国が平和で豊かな間はよいが、天災や不作で民が苦しむこともある。なぜ王がいるのに、そのようなことが起きるのか。それは王の力が衰えたり、神に届かなくなったりしたからに他ならない、と、ある人々は考えた。ならばどうする？　今の無力な王は要らないから殺して、新しい王を選ぼう！　という発想が生まれる。いわゆる「王殺し」である。王は「神聖」であるからこそ、資格を失えば「侵」されても仕方がないというのだ。

　しかし普通に生きていれば、一国がそんな逆境に直面するのは一度や二度ではない。その度に、その時々の王が殺される場合があった。また目に見える災害がなくとも、なにか都合が悪くなればすぐに王を殺してしまう文化もあった。つまりこうした国の王は、よほど自分が神や天に愛されていると信じて疑わない自信家でもなければ、選ばれて即位した時点で、そう遠くない未来に自分も公然と殺される運命にあることを覚悟しなければならないのだ。

こうした文化としての「王殺し」を取り上げたもっとも名高い研究が、ジェームズ・フレイザー（1854〜1941）の『金枝篇《きんしへん》』である。この名著では、古代ローマのネミ湖で行われていた「森の王」と呼ばれる祭司の有り様が語られている。

女神ディアナの伴侶の役を担う「森の王」は、誰にでもなる資格がある。条件は、聖木の枝（金枝）を持ち去り、今の「森の王」を自分の手で殺すこと。首尾よく前任者を討ち取り森の王となった後は、今度は次の代を狙う者たちが自分を殺しに来る恐怖におびえながら祭司を務める。このような伝統が、少なくともローマ帝国の時代まで続いていたらしい。

王を殺して交代させることに意義を見出し、高度にシステム化していった国もある。

7世紀から9世紀に南ロシアで栄えた騎馬民族国家ハザールには宗教的な最高権威を担う大ハーカーン（可汗《カガン》）という位があったが、その地位は終身「かつ」任期があった。大ハーカーンは即位式の際に、絹の布切れで首を締め上げられる。意識が朦朧《もうろう》とする中で「何年君臨するのか」と問われ、具体的に何年と答えると、それがその者の任期となる。そしてもしその年まで生き永らえたら、大ハーカーンは否応なく殺害された。

古代エチオピアのメロエ王国では、もっと大雑把に王を殺していたという伝説がある。古代ギリシアの歴史家によると、ここでは大祭司たちが適当な時に王に死を宣告して殺害し、世代交代させることで自分たちの権力を誇示していたらしい。なおこの風習は、エルガメネス王が逆に大祭司を皆殺しにすることで断ち切ったという。

「王殺し」の伝統が世界史の主流に躍り出ることはなかったが、それでも場所によっては20世紀もかなり下った時期まで存続していた。「死」をめぐる価値観もまた、文化を構成する重要な要素だったのだ。

第五章

砲火と知が駆け巡る世界

（～17世紀）

アメリカの歴史とアフロ・ユーラシアの歴史が絡み合い始める中、世界各地に新しい力を手に入れた大勢力が出現した。火薬兵器を用いて各地を征服していった彼らもまた、実はこの時代の犠牲者であった。そして新たな発展を見せる人文と科学の世界も、死に満ちていた。

【ローマ教皇】

アレクサンデル6世

Alexander VI

1431～1503（72歳没）

死因 ▸▸▸ 毒殺

賄賂で選挙に勝ち、教皇となった。巧みな政治と外交を展開した一方で、何人もの愛人と子を持ち、買収や陰謀をいとわず、史上最も堕落した教皇とされる。ある枢機卿を排除しようと企み、彼を食事に招き毒殺しようとした。しかし枢機卿は陰謀に気づき、教皇の侍従を買収して、教皇と自分のためにそれぞれ用意されていた菓子の箱を取り換えさせた。それを知らないアレクサンデル6世は、毒入りの菓子を食べて発病し、死去。遺体が埋葬される前に腐敗して膨れ、棺に入らなくなったので、古い絨毯《じゅうたん》に巻かれ無理矢理叩いて押し込められた。

【マムルーク朝のスルタン】

アシュラフ・カーンスーフ・ガウリー

الأشرف قانصوه الغوري

？～1516（没年齢不詳）

死因 ▸▸▸ 脳卒中

マルジュ・ダービクの戦いでオスマン帝国のセリム1世と戦うが、マムルーク朝側のアレッポ総督が敵に内通していて、開戦早々ガウリーを裏切り逃走。残ったマムルーク軍の騎兵隊は、オスマン軍の多勢の小銃隊の前に壊滅させられた。絶望的な状況を前に、マムルーク軍の司令官の一人が軍旗をたたみ、あえてガウリーに「お命を守るため、アレッポに身をお隠しください」と進言した。事実上の降伏という真意を察したガウリーは、ショックのあまりその場で脳卒中に襲われ半身不随となり、馬に乗ろうとするも転げ落ちて死亡。

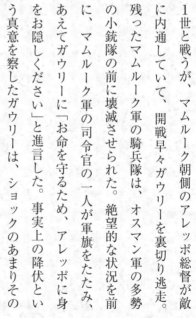

【戦国時代の武将】

尼子政久

あまご・まさひさ

1488 ～ 1518（30歳没）

死因 ▸▸▸ 戦死

山陰の大名・尼子経久《つねひさ》の嫡男。智勇にすぐれ、父を助けて尼子氏の出雲統一に貢献した。ある時政久は、反乱を起こした桜《さくら》井《い》宗的《そうてき》という武将の居城を攻めた。しかし圧倒的な兵力差をもってしても城が落ちず、尼子軍の士気が落ち始めた。そこで政久は夜になると櫓に登って得意の笛をふき、味方を鼓舞しようとした。しかし宗的もその腕前を知っていたため、笛の主は政久だろうと考え昼のうちに櫓の方角へ目印をつけておいた。ある夜、いつものように笛を吹き始めた政久であったが、宗的が目印に向けて放ってきた矢が喉に命中して死亡。

【室町時代の管領】

細川高国

ほそかわ・たかくに

1484 〜 1531（47 歳没）

死因 ▸▸▸ 切腹

将軍に次ぐ役職である管領の細川政元《まさもと》の養子。政元が暗殺されると、同じく政元の養子だった細川澄元《すみもと》と争って、管領の地位を手にした。しかしその後も澄元やその子である細川晴元《はるもと》、またそれに従う三好《みよし》氏などと激しく戦い、最終的に天王寺の戦いで決定的敗北を喫した。徹底的な残党狩りにあって城に逃げ込み損ねた高国は尼崎の町屋に逃げ込み、紺染めの大がめに隠れた。しかし追手の三好一秀《かずひで》が周辺の子どもたちに瓜を配って高国の居場所を聞き込んだのでたちまち見つかってしまい、捕らえられて数日後に切腹させられた。

【ムガル帝国の初代皇帝】

ザヒールッディーン・ムハンマド・バーブル

ظهيرالدين محمد بابُر

1483 ～ 1530（47 歳没）

死因 ▸▸▸ **祈祷による病死**

ティムール朝の分家の子として生まれ、アフガニスタンを経て北インドを征服した。重病にかかった最愛の息子フマーユーンを何としても助けたいと思い、相談役に助言を求めた。「フマーユーン自身が持つ最も価値の高いものを捨てなければならない」と説かれたバーブルは、「それは私のことだ」と言って祈りを唱え、フマーユーンの寝床のまわりを3回歩き、不意に「我々は勝ったぞ！　勝ったぞ！」と叫んだ。とたんにバーブルは病に倒れ、まもなく死去。入れ替わりにフマーユーンが回復し、帝位を継いだ。

【ムガル帝国皇帝】

ナーシルッディーン・フマーユーン

نصيرالدين همايون

1508～1556（47歳没）

死因 ▸▸▸ **転落死**

スール朝のシェール・シャーに敗れた上、女性関係で弟と揉めて追い出され、父バーブルから継承した領土を完全に失った。ペルシアのサファヴィー朝へ亡命して1年を過ごし、タフマースブ1世の援助を受けて反撃を始めたフマーユーンは、10年にわたる戦争で弟たちやスール朝を滅ぼし、ついにムガル帝国を復興した。しかしその半年後、図書館からモスクへ向かうため石階段を降りようとした時、服の裾に足を取られて転落、頭を強打し2日後に死去。

【スール朝の君主】

シェール・シャー・スーリー

شیر شاه سوری

1486 ～ 1545（59 歳没）

死因 ▸▸▸ 爆死

ムガル帝国に反旗を翻し、皇帝フマーユーンをペルシアへ追いやり北インドを制圧して、スール朝を建国した。現代インドの貨幣であるルピーの基礎をつくるなど、経済や行政、軍制の大改革を成し遂げた。カーリンジャル城を攻囲した際、大砲やロケット砲を投入した。しかし撃ち込んだロケット弾の一つが城壁に跳ね返され、戻ってきてスール朝軍陣営の火薬庫を直撃した。そこに居合わせたシェール・シャーは爆発に吹き飛ばされて重傷を負い、翌日死亡した。

【サファヴィー朝のシャー】

タフマースブ1世

شاه تهماسب یکم

1514～1576（62歳没）

死因 ▸▸▸ 脱毛剤による火傷

サファヴィー朝は、ペルシア（現在のイラン）を支配してシーア派を広めた王朝である。2代目のタフマースブ1世は、幼くして父イスマーイール1世の大帝国を継いだが、配下の諸部族を押さえ、西方のオスマン帝国を防ぎ、東方のムガル帝国のフマーユーンを助けるなどして、帝国の安定を保った。ある時、浴場で両足に塗った脱毛剤により大やけどを負った。その傷が元で病に臥せり、2年後に死去。

【インカ皇帝】

アタワルパ

Atawallpa

1502頃～1533（31歳没？）

死因 ▸▸▸ **絞首刑**

内戦で兄を破り単独皇帝となったが、この頃スペイン人征服者ピサロの部隊が到来し、キリスト教への改宗を要求してきた。聖書を手渡されたアタワルパは文字という概念を理解できず、これを投げ捨ててしまったので戦闘が始まり、スペイン軍に完敗を喫して幽閉された。部屋1杯分の金と2杯分の銀を用意すれば釈放されるという約束をするも、スペイン人に反故にされ、火刑の判決を下された。焼死では魂が転生できないため恐怖したアタワルパは、判決を変えてやるという神父の言葉に従ってキリスト教に改宗し、結果絞首刑となった。

【戦国時代の武将】

丹下与兵衛

たんげ・よへえ

？～1534（没年齢不詳）

死因 ▸▸▸ **戦死**

備中《びっちゅう》福山の宮《みや》氏に仕えた武将。戦場で、傷ついたふりをしてわざと倒れたり、刀を杖にして弱っているように見せかけたりして、敵兵が油断して近づいてきたのを返り討ちにするという騙し討ちを得意とし、毛利氏との戦いで功を挙げた。ある日の戦いで重傷を負ってしまった与兵衛は、周囲の味方に助けを求めた。しかし味方は彼がいつもの手を使っているのだと思って相手にせず、先に毛利兵に本当に怪我をしていると気づかれ、討ち取られた。

【戦国時代の武将】

松平清康

まつだいら・きよやす

1511 ～ 1535（24歳没）

死因 ▶▶▶ **暗殺**

徳川家康の祖父としても知られる。若くして岡崎を獲得して本拠地とし、西三河に急速に勢力を広げた。織田信秀が力を持っていた尾張にも侵攻して守山城を攻めていた頃、巷では清康の家臣である阿部《あべ》大蔵《おおくら》が謀反を起こすのではないかという噂が流れていた。これを知った大蔵は、たとえ自分が処刑されても反逆心を持たぬよう息子の弥七郎に言い聞かせていた。ところがある時、たまたま陣中で馬が逃げ出して騒ぎになった。よく確認もせず、父が処罰されるのだと勘違いした弥七郎は、無警戒だった清康に襲いかかり斬り殺した。

【フランス王】

フランソワ1世

François I

1494〜1547（52歳没）

死因 ▸▸▸ **性病**

神聖ローマ帝国と対抗するためにイスラーム圏のオスマン帝国と同盟するなど、独自の戦略を展開した。レオナルド・ダ・ヴィンチの最後のパトロンとしても知られる。若い頃に、ある弁護士の美人で知られる妻を、無理やり自分の愛人にした。王への復讐を志した弁護士は、売春宿に通って性病（梅毒または淋病）に感染し、そのうえで妻と寝ることで、フランソワ1世にまでも性病をうつすことに成功した。弁護士と妻の病は治癒したが、フランソワ1世はこの病に体をむしばまれ、最終的に命を落とした。

【フランス王】

アンリ2世

Henri II

1519 ～ 1559（40歳没）

死因 ▸▸▸ 試合中の事故

娘のエリザベトがスペイン王フェリペ2世と結婚するのを祝い、ユグノー（新教徒）との戦争や弾圧を一時的に緩めた。結婚式の最終日、アンリ2世は自ら馬上槍試合に出場した。ところが諸侯の一人モンゴムリ伯と対戦した時、相手の槍がアンリ2世の左こめかみを貫いた。この傷が元でアンリ2世は10日後に死去。モンゴムリ伯のことは許すと遺言していたが、王妃や他の臣下たちはただちにモンゴムリ伯を逮捕、投獄した。その後脱走したモンゴムリ伯はユグノーに改宗、ユグノー戦争を泥沼化させていった。

【ムガル帝国の将軍】

アドハム・ハーン

ادهم خاں

？～1562（没年齢不詳）

死因 ▸▸▸ 転落死

アクバル帝の乳母の息子。母の権勢をかさに着て、尊大な振る舞いが目立っていた。しかし対立していたアトガ・ハーンが宰相に任じられると、怒ったアドハム・ハーンは公謁殿で会合中のアトガ・ハーンを刺殺してしまった。昼寝していたアクバル帝が騒ぎを聞き公謁殿へ向かうと、アドハム・ハーンが後宮に逃げ込もうとドアを叩いているところだった。自分の養父でもあったアトガ・ハーンが殺されたことでアクバル帝は激高、アドハム・ハーンはその場で皇帝に殴り倒されたうえ、後宮のテラスから二度にわたり逆さに放り投げられ死亡。

【戦国時代の武将】

中村新兵衛

なかむら・しんべえ

？～？（没年齢不詳）

死因 ▸▸▸ **戦死**

摂津国の大名の松山氏に仕えた勇将で、槍を得意とし「鑓《やり》中村」と称えられた。彼は猩々《しょうじょう》緋《ひ》※の羽織と唐冠金纓《とうかんきんえい》※の兜という派手な出で立ちで知られ、これを見た敵兵はそれだけで新兵衛の威名にひるんで挑まず、立ち向かう前に倒されるばかりだった。ある時、新兵衛はある人に無理に頼まれ羽織と兜を譲り、いつもと違う姿で戦場に出た。すると敵兵たちは相手が中村新兵衛だと気づかず、恐れることなく次々と襲いかかってきたので、新兵衛は奮戦するも討ち死にした。

※猩々緋……鮮やかな赤色。主に陣羽織の生地に用いられた。
※唐冠金纓……中国の冠を模した兜で、纓（後部の飾り）が金色のもの。

【イタリアの数学者、賭博師、占星術師】

ジェロラモ・カルダーノ

Gerolamo Cardano

1501 ～ 1576（74 歳没）

死因 ▸▸▸ **断食による餓死**

負の数の概念をヨーロッパで初めて、また虚数の概念を世界で初めて用いて数々の発見をした。さらに、著作の中で三次方程式や四次方程式の解法を紹介し、それまで師弟間で口伝されるような閉鎖的な学問だった数学を一般に広めるなど、代数学の発展に大きく貢献した。占星術にも傾倒し、ある時に自分の死ぬ日を予言した。そしてこれを的中させるために3週間前から食を絶ち、予言通りに死んだ。

【戦国時代の武将】

大宝寺義氏

だいほうじ・よしうじ

1551 ～ 1583（32歳没）

死因 ▸▸▸ 切腹

南出羽《でわ》・庄内の大名で、上杉謙信や織田信長の後ろ盾を得て勢力を拡大した。しかし強引な出兵が重なって領国は疲弊し、家臣の間でも不満が高まっていた。家臣の砂越《さごし》氏や来次《きすぎ》氏が出兵を渋って遠征を台無しにしたので、義氏は両氏討伐のために別の家臣の前森蔵人《まえもりくらんど》を出陣させたが、蔵人も途中で謀反を起こす決断をした。彼が「引き返してお屋形様に切腹させよう」と言えば、陣中から「もっともだ、むしろ遅すぎるくらいだ」という声が次々と上がる有り様だった。引き返してきた前森軍に攻められた義氏は敗れ、城から出て切腹した。

【安土桃山時代の武将】

石川一光

いしかわ・かずみつ

？～ 1583（没年齢不詳）

死因 ▸▸▸ 戦死

羽柴秀吉に仕えた。賤《しず》ケ《が》岳《たけ》の戦いの前日、同じ羽柴方の福島正則と喧嘩し、興奮して殺し合いそうになった。周囲が「明日に功名を立てようという時に何をしている」と止めたところ、「市松（正則）は臆病者だ、明日は我が後姿を見ていよ」と啖呵《たんか》を切り、翌日の戦いで一人真っ先に飛び出して討ち死に。異説では、同陣営で男色の好意を寄せていた加藤嘉明《かとうよしあき》に兜を譲ろうとしたが、嘉明は「他人の兜で戦うことがあるか」と怒り、捨ててしまった。兜を失って替えもない一光は仕方なくそのまま戦いに臨み、一番に突撃したが、敵の槍を顔面に受け、討ち死に。

【戦国時代の大名】

龍造寺隆信

りゅうぞうじ・たかのぶ

1529 ～ 1584（55 歳没）

死因 ▸▸▸ **戦死**

肥前の国を中心に、九州北西部に大勢力を築いた。島津氏との沖《おき》田《た》畷《なわて》の戦いで、龍造寺勢は逃げ始めた敵を追ったが、これは敵の罠だった。先陣が進まないのに憤った隆信は供の者に様子を見に行かせたが、この使者が「先陣が臆病だから後がつかえている。命を惜しまず攻めろ」と勝手に命令したため、さらに多くの兵が罠にはまって殺され、龍造寺勢は壊滅した。隆信は肥満体で馬に乗れず、陣から動けずにいた。前方から迫る敵兵を味方と勘違いして「隆信はここにあり。どこへ逃げるのだ」と叫んだが、敵に気づかれ討ち取られた。

【ロシアの探検家、征服者】

イェルマーク・チモフェーイェヴィチ

Ермак Тимофеевич

？〜1585（没年齢不詳）

死因 ▸▸▸ 溺死

政府からシベリア入植事業を委託されたストロガノフ家に仕えるコサックの隊長で、シベリアの開拓と征服を先導した。シビル・ハン国を征服すると、喜んだイヴァン4世は鎖かたびらの鎧をはじめとする数々の豪華な褒美を与えた。イェルマークはこの鎧を着て再び戦場に赴いたが、イルティシュ河畔※でシビル・ハン国の残党に敗れた。川を渡って逃げようとしたものの、鎧の重みで浮き上がれなくなり溺れ死んだ。

※イルティシュ川……アルタイ山脈からカザフスタンを経由して、ロシア中部を流れる川。

【戦国時代の武将】

千葉邦胤

ちば・くにたね

1557 ~ 1585（28 歳没）

死因 ▸▸▸ 暗殺

北条氏政《うじまさ》・氏直《うじなお》に従い、佐竹氏や織田氏との戦いで功があった。新年を祝う席で、配膳していた鍬田《くわた》万五郎《まんごろう》という近習が二度にわたり放屁した。怒った邦胤が叱りつけると、万五郎は「こういうしくじりはよくあることなのに、このような場で辱められるとはひどい」と開き直った。邦胤は激怒して万五郎を蹴倒し短刀に手をかけたところで周囲に止められた。半年して邦胤は万五郎を許したが、万五郎は恨みを忘れず隙を窺い、邦胤の寝所に忍び入り刺殺した。夜中で城門が閉まっていたため万五郎は逃げられず、討手が迫る中で物陰で切腹した。

【安土桃山時代の武将】

内ケ島氏理

うちがしま・うじはる（うじまさ）

？〜1586（没年齢不詳）

死因 ▸▸▸ 地震による生き埋め

内ケ島氏は応仁の乱の頃から飛騨国の白川郷を治める小大名で、帰雲城《かえりくもじょう》を拠点としていた。氏理は、豊臣秀吉が佐々《さっさ》成政《なりまさ》を攻めた際に後者に加勢したが、留守中に領国を秀吉勢に攻められ降伏した。交渉の結果、所領の大半を安堵※され、喜んだ氏理は祝宴をおこなうべく、一族や家臣を帰雲城に呼び集めた。ところが皆が集まった祝宴前夜に天正大地震が発生、城の近くの帰雲山が山体崩壊を起こした。帰雲城も巻き込まれて埋没し、内ケ島氏は一所で全滅、滅亡した。

※安堵……土地の所有権などを認めること。

【フランスの道化師】

チコット

Chicot

1540頃～1591（51歳没？）

死因 ▸▸▸ **撲殺**

鋭く機知に富んだ弁舌でフランス王アンリ3世に気に入られ、手続きを踏まずいつでも王と話をしてよいと認められたほどだった。軍人としても勇敢な働きを見せ、ユグノー戦争中のルーアン包囲戦では敵のシャリニー伯を生け捕りにした。チコットはこの大戦果を喜んで王に献上しようとしたが、シャリニー伯は自分が道化師に捕らえられたという屈辱から激高し、拘束を解かれたとたんに剣の柄でチコットを殴り殺した。

【ロシアの皇子】

イヴァン・イヴァノヴィチ

Иван Иванович

1554 ～ 1581（27歳没）

死因 ▸▸▸ 撲殺

ロシアのツァーリ※イヴァン4世（雷帝）の次男。長兄の事故死により帝位継承者となった。ある時、妊娠中の妃エレナの部屋にイヴァン4世が突然現れ、彼女の服装に怒って殴打した。これを止めに入ったイヴァンも父イヴァン4世と口論になった。激高したイヴァン4世は、ツァーリの証でもある杖でイヴァンを殴り殺した。エレナはこの事件により流産し、イヴァン4世も自身の過ちに衝撃を受けて衰弱、3年後に死去。イヴァンの弟たちも子を残さなかったり不審死したりしてリューリク朝が断絶し、ロシアは動乱時代に突入した。

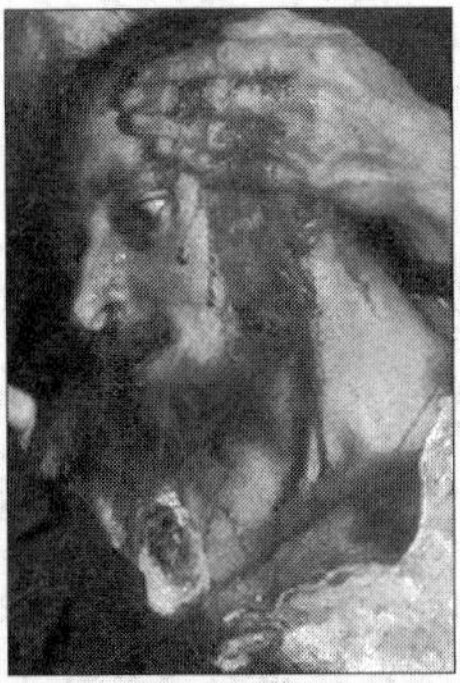

※ツァーリ……ロシアで用いられた皇帝の称号。

【ロシアの皇子】

ドミトリー・イヴァノヴィチ

Дмитрий Иванович

1582 ～ 1591（8 歳没）

死因 ▸▸▸ 発作による事故死

イヴァン4世の子。兄のフョードル1世が皇位を継いだが、子がいなかったためドミトリーが後継者とみなされていた。幼い遊び仲間とティチカ※をしていた時、てんかんの発作に襲われ意識を失い、誤って自分の喉をナイフで刺して死亡したとされる。しかしその直後から、権臣ボリス・ゴドゥノフがドミトリーを暗殺したという噂が流れ、鐘の音を合図に暴動が起き、刺客とみなされた書記官たちが民衆に虐殺された。事件は迷宮入りして政局を混乱させ、ロシアを動乱時代に引き込んだ。

※ティチカ……地面に描いた円にナイフを投げて命中させる遊び。

【ロシアの僭称ツァーリ】

偽ドミトリー1世

Лжедмитрий I

1582 〜 1606（23 歳没）

死因 ▸▸▸ **暗殺**

皇子ドミトリーは事故死でも暗殺でもなく生き延びた、自分こそそのドミトリーであると嘘をつき、ポーランドの支援を受けてロシアに侵攻し、ツァーリの座を奪った。しかし親ポーランド・親カトリック的な傾向が、正教徒の民衆の反感を買った。反乱軍が宮殿に侵入したとき、偽ドミトリー1世は脱出しようと窓から飛び降りたが、着地に失敗し足首を脱臼、反乱兵に見つかって殺害された。遺体は焼かれ、その灰は大砲に詰められてモスクワの城門からポーランドに向け発射された。ロシアではその後も数々の「偽ドミトリー」が出現した。

【安土桃山時代の武将、海賊】

九鬼嘉隆

くき・よしたか

1542 ～ 1600（58 歳没）

死因 ▸▸▸ 切腹

志摩の鳥羽を拠点として水軍を率い、織田信長や豊臣秀吉に従った。関ヶ原の戦いでは、自身が西軍について伊勢湾沿いを襲ったのに対し、息子の守隆《もりたか》は東軍についた。西軍が敗れると嘉隆は鳥羽城を脱出して隠れたが、家臣の豊田《とよた》五郎《ごろう》右衛門《えもん》が「（徳川家康は）嘉隆様が西軍に味方し逃げ隠れしていることに大層お怒りのようです」と言って、九鬼家存続のために死ぬよう進言した。その頃東軍に参加していた守隆は、家康にかけあって父の助命を許された。しかしその知らせが鳥羽に向かった時、すでに嘉隆は豊田の進言を容れて切腹した後だった。

【安土桃山時代の武将】

豊田五郎右衛門

とよた・ごろうえもん

？～1600（没年齢不詳）

死因 ▸▸▸ 処刑

九鬼嘉隆の家臣。徳川家康の意向を推し量り、九鬼家存続のために独断で主君を切腹させた。それを家康に報告するべく、嘉隆の首を持って大坂へ向かったが、その道中の茶屋で、嘉隆助命の報を伝えに来た守隆の急使と遭遇した。事の次第を知った守隆は大いに嘆き、父嘉隆の首を埋葬した後、豊田を嘉隆の墓前に引き出して処刑した。

【安土桃山時代の武将】

佐野綱正

さの・つなまさ

1554 ～ 1600（46 歳没）

死因 ▸▸▸ 爆死

関ヶ原の戦いの直前、徳川家康は東北の上杉景勝《かげかつ》を討伐しに行くのにあたり、自分の留守中に大坂で石田三成らが挙兵し、畿内において自身が拠点とする伏見城を真っ先に攻め落とすだろうと予見していた。家康はこの伏見城を側近の鳥《とり》居《い》元忠《もとただ》に預け、彼とその腹心に、死を賭《と》して城を守る役目を任せた。

この守備隊の中の武将の一人である佐野綱正は、三好氏、豊臣秀次《ひでつぐ》と主君を変え、秀次の自刃後は徳川家康の家臣となった人物だった。伏見城の攻防戦が始まると自ら鉄砲を撃って戦ったが、弾を同時に2発分装填してしまい、銃身が爆発して戦死。

【安土桃山時代の武将】

松平家忠

まつだいら・いえただ

1555～1600（45歳没）

死因 ▸▸▸ 切腹

徳川家康の譜代の家臣として、小牧長久手の戦いなど多くの戦いで活躍した。関ヶ原の戦いの直前には鳥居元忠らとともに伏見城で西軍を食い止める任を命じられた。攻防戦が始まると、時には門を固く閉じ、時には出撃して自ら槍を振るい戦ったが、左脇を負傷したので一旦門を閉じて休憩した。しかし再び出撃しようとした時、すでに門の守備兵が死んでいて鍵のありかが分からず出撃できなくなったため、その場で切腹。

【安土桃山時代の武将】

佐野忠成

さの・ただなり

？～1600（没年齢不詳）

死因 ▸▸▸ **戦死**

徳川家康の家臣。家康が上杉征伐に向かった際、大坂城で家康の妻らとともに留守居を務めた。しかし西軍の毛利輝元《てるもと》らによって城から追い出されたので、忠成は家康の妻たちを知人に預け、自分は伏見城に入った。城将の鳥居元忠らに「籠城して討ち死にしなければ申し訳が立たない」と言い、その後の伏見城の戦いで鳥居らとともに戦死した。後に家康は、自分のために命を捨てた鳥居らに感謝し子孫を厚遇したのに対し、忠成については「追い出されたとしてもその先で私の妻を守り抜くべきだったのに、心得違い甚だしい」と怒って知行《ちぎょう》※を召し上げた。

※知行……主君から与えられた土地。

【デンマーク出身の天文学者】

ティコ・ブラーエ

Tycho Brahe

1546 〜 1601（54 歳没）

死因 ▸▸▸ 膀胱炎

精緻な天体観測をおこない、自らは天動説を支持したものの、結果的に弟子のヨハネス・ケプラーが地動説を確立する基礎をつくった。ある晩餐会に出席中、尿意を覚えたが、途中で席を立つのはエチケットに反すると思って我慢し、座り続けた。さらに大量の酒を飲み、側にいたケプラーに「いよいよ膀胱に圧力を感じてきた」と弱音を吐きつつもなお耐え続けた。しかし家に帰った時には、もはや排尿することすらできなくなっていた。激しい苦痛で倒れたブラーエは、健康を軽んじて高い代償を払ったことを悔やみながら死去。

【イングランドの貴族】

トマス・ダグラス

Thomas Douglas

1572頃〜1605（33歳没？）

死因 ▸▸▸ **処刑**

スコットランドの氏族長の家系で、エリザベス1世・ジェームズ1世の重臣だったロバート・セシルに仕えた。ジェームズ・スチュアートという貴族と共謀してイングランド国王のサインを偽造し、国璽《こくじ》を手に入れようとしたために反逆罪に問われた。スチュアートだけが処刑され、ダグラスは共犯と認められず放免されたが、懲りずに今度は国璽を偽造してドイツの諸侯たちに手紙を送って金と職を得ようとしたため、結局反逆罪で処刑された。

【江戸初期の武士】

矢部虎之助

やべ・とらのすけ

？～1615（没年齢不詳）

死因 ▸▸▸ 断食による餓死

駿府《すんぷ》藩主徳川頼宣《よりのぶ》（家康の十男で、後の紀州徳川家の祖）に仕えた。力自慢で、大坂の陣の際には高さ2間《けん》（約3・6メートル）の巨大な位牌に「咲く頃は　花の数にも　足らざれど　散るには漏《もれ》ぬ　矢部虎之助」と辞世を書いたものを背負って旗指物《はたさしもの》の代わりとし、目立とうとした。ところがこれがあまりにも重すぎたために馬が動けず、出遅れた虎之助はまともな活躍もできぬまま戦いが終わってしまった。功を立てられなかった悔しさと、家中で「武道に疎い奴だ」と笑い者にされた恥辱から、食を絶って約20日後に死去。

【イングランドの哲学者、政治家】

フランシス・ベーコン

Francis Bacon

1561 ～ 1626（65歳没）

死因 ▸▸▸ 風邪

一般に「知は力なり」という言葉で知られ、経験論の祖とされる。政治家としては最高の地位である大法官にまで上り詰めた。しかし他人との衝突や失策も多く、ついには公職から追われ、ロンドン塔に投獄されたこともあった。その後隠遁生活を送る中で、鶏の内臓を抜いて雪を詰めることで鶏肉を冷凍する方法を思いつき、自ら実験をしたが、自分の体も冷やしてしまった。近くのある伯爵の家に駆け込みベッドを借りたが、そのベッドは1年以上誰も使っておらず湿っていたため、ベーコンはさらに風邪をこじらせ気管支炎で死去。

【ソワソン伯】

ルイ・ド・ブルボン

Louis de Bourbon

1604～1641（37歳没）

死因 ▸▸▸ ピストルの暴発

フランスの貴族だが、敵国スペインの支援を受け、フランス王弟と共謀して反乱を起こした。自身もフランス王の血をひき民衆の人気もある人物で、当時のフランスを牛耳っていたリシュリュー枢機卿の不人気ぶりもあって、反乱の規模は一気に拡大した。ラ・マルフェの戦いで国王軍に圧勝したが、その数時間後に休息をとっていたとき、顔の汗を拭おうとして兜の覆面をピストルの先で押し上げたところ、誤って発砲してしまい死去。

【福知山藩主】

稲葉紀通

いなば・のりみち

1603～1648（45歳没）

死因 ▸▸▸ **自殺**

突発的に村民を皆殺しにするなど奇矯な行動があり、幕府に警戒されていた。隣の宮津藩にブリ１００尾を所望したところ、宮津藩は幕閣への贈答品流用を疑い、頭を落としたブリを贈ってきた。怒った紀通は櫓に登り福知山城下を通る宮津藩の者を射殺しようと考え、宮津藩の飛脚を鉄砲で撃ったが当たらず、誤って他国の者を殺してしまった。謀反を疑った幕府が紀通の出頭を命じ諸藩に戦支度をさせる中、紀通は城内で火薬をまき散らし火をつけて切腹。異説では樹上の鳩を撃ち落として膝に置き「我らが供をせよ」と言って鉄砲自殺したとも。

【フランス出身の哲学者、数学者】

ルネ・デカルト

René Descartes

1596 ～ 1650（54歳没）

死因 ▸▸▸ 病死

合理主義哲学の祖で「我思う、ゆえに我あり」の言葉で知られる。病弱だったこともあり、若い頃から生活リズムの維持に心を砕いていた。特に朝寝を重視し、大学生時代には朝の講義の出席を免除してもらったほどだった。有名になった後、スウェーデン女王クリスティーナに招かれ、1月から毎日彼女に講義することになった。ところが女王は朝型で毎朝5時からの講義を希望したため、デカルトは大幅に生活習慣を変えざるを得なくなった。「ほしいのは平穏と休息だけだ」と手紙に書き残し、翌2月に体調を崩し、肺炎にかかり死去。

【江戸時代の儒学者】

林羅山

はやし・らざん

1583 ～ 1657（73歳没）

死因 ▸▸▸ **病死**

江戸幕府初代将軍・徳川家康から4代家綱まで仕え、朱子学による幕府統治の基礎を築いた。莫大な数の蔵書を火災や風雨から保護するため、瓦と壁が銅でつくられた書庫を幕府から与えられた。しかしその2年後、江戸で明暦の大火が発生した。羅山はその時読んでいた『梁書《りょうしょ》』一冊を持って逃げたが、その後避難先で、蔵書すべてが書庫もろとも焼けてしまったと知らされた。羅山は「長年の努力が一瞬で消えてしまった。これも天命だ」とつぶやいて翌日発病し、大火の4日後に死去。

【フランスの料理人】

フランソワ・ヴァテール

François Vatel

1631～1671（40歳没）

死因 ▸▸▸ 自殺

大貴族コンデ公のもとで給仕長、什器管理官に任じられ、ある3日にわたる祝宴で食料調達や演出などすべてを任されることになった。ところが肉料理の皿が消えて数が足りなくなったり、悪天候で花火が予定通り打ち上がらなかったりといった不運が続き、精神的に追い詰められた。最終日の夜、大量に注文していたはずの魚介類がほとんど届かないという事態が起きた。もはや完全に名誉を失ったと感じたヴァテールは、周囲の慰めにも耳を傾けず、自室で剣をとって、胸を三度突き死亡。その直後、注文していた食材が無事到着した。

【フランスの作曲家、舞踏家】

ジャン＝バティスト・リュリ

Jean-Baptiste Lully

1632 ～ 1687（54歳没）

死因 ▸▸▸ 指揮棒で足を強打する

ルイ14世の寵愛を受け、長年にわたりバロック期のフランス音楽界を牽引した。しかし老いて宗教道徳に傾倒したルイ14世は、未だ男女問わぬ漁色《ぎょしょく》癖が抜けないリュリを遠ざけ始めた。焦ったリュリは宗教的な作風に走って機嫌を取ろうとし、王の病気回復を祝うコンサートでは聖歌『テ・デウム』を指揮した。当時は長く重い杖を指揮棒として地を打ちリズムを取っていたのだが、曲が最高潮に達した時、リュリは勢い余ってこの杖でつま先を強打してしまった。傷が化膿して医師につま先の切除を勧められたが、バレエの舞踏家としてこれを拒否して死去。

【イングランドの作曲家】

ヘンリー・パーセル

Henry Purcell

1659頃～1695（36歳没？）

死因 ▸▸▸ **風邪**

イタリア・ルネサンスの音楽技法を取り入れ、オペラ、合唱、器楽と広い範囲で活躍した、バロック時代イングランドを代表する作曲家。ウェストミンスター寺院のオルガニストを経て、イングランド王チャールズ2世のもとで王室付きの作曲家となった。ある夜、遅い時間に劇場から帰ってきたところ、妻に締め出されてしまった。これがもとで風邪をひき、こじらせて死去。

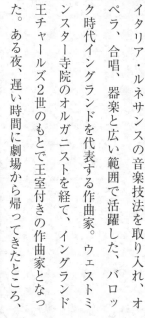

COLUMN 5

永遠の命と死

老いるのも死ぬのも恐ろしい。どこかに不老不死の仙薬はないものだろうか。そんな欲望は、古今東西どこにでもみられる。東洋中国では、道士が不老不死の仙薬（丹薬）を調合して仙人になるべく煉丹術に励んだ。これがアラビア世界に影響を与え、ヘレニズム時代からの錬金術と結びついた。そこからさらに、西ヨーロッパへも仙薬探しの熱が伝播した。そこでは錬金術師たちが、万能薬であり若返りの力も持つという「賢者の石」を求めて研究を重ねた。逆に極東の日本でも、『古事記』や『竹取物語』の昔から不死の薬が意識されていた。

中国を初めて統一した秦の始皇帝が、不老不死に異様な執念を燃やしたのは有名である。自分が統一した中国の隅々に仙薬を探すよう命じ、東の海の果てにそれがあると聞けば、情報を持ってきた徐福《じょふく》という男に人員と莫大な財宝を与えて送り出した。

しかし必死の抵抗もむなしく、始皇帝は巡幸中に50歳で死去した。一行は都に帰る際、始皇帝の遺体の腐乱臭を誤魔化すために、魚を満載し悪臭を放つ荷車で皇帝の車を囲んだという。

一説では、死因は彼が不老不死の仙薬と信じて服用していた水銀の中毒だったという皮肉な話もある。実際に、彼の巨大な墓である始皇帝陵では地下に水銀の川が流されたといわれ、始皇帝とともに副葬された遺体からは生前に多量の水銀を服用していた証拠が見つかっている。東西で広く長きにわたり不老不死をもたらすとされていた辰砂《しんしゃ》（丹砂《たんしゃ》）の正体は、人体に有害な硫化水銀鉱だったのだ。

始皇帝の他にも、中国史上の多くの皇帝たちが不死を願って仙薬を服用した。そして彼らは揃って水銀中毒を患い、命を縮めている。ただ本来水銀には防腐効果があるので、始皇帝の遺体が腐乱したという話とは矛盾するという説もある。いずれにしろ、不老不死を目指した皇帝の末路にしてはあまりにも惨めな死であることには変わりない。

事実として、現在に至るまで「不死」を実現した人間はいない。はっきり分かっている限りではせいぜい１２０年を超える程度が寿命の限界であり、また伝説的な長寿の人物も必ず死を迎えている。

昔の人々も、不老不死がどだい叶わぬ夢だということに薄々気付いていた。なぜ人間に寿命があるのか、世界の多くの神話が説明を試みている。日本神話では、イザナミが毎日一定の数の人間を殺し、イザナキが同様に人間を生まれさせると誓い合ったというのが始まりだとされる。旧約聖書によれば、アダムとイヴが原罪を負って楽園を追放されたからだという。いずれも、人間が世界に登場してからかなり早い段階で、寿命も背負うことが決まる。それだけ古代の人々が死と生に関心を持ち、同時に死から逃れられない理由を考えて諦めをつけようと努力していたということだろう。

一方で宗教や伝承の中には、どうしても死から逃避したい、永遠に生き続けたいという欲求に希望を与えようとするものもある。

例えば、死が避けられなくとも、またいつか生き返ってしまえばよい。古代エジプトでは、復活の日が来るのを信じて肉体を保存するべく、ミイラをつくった。土葬を旨とするキリスト教などの宗教文化にも似たようなところがある。そうした考えを持つ人々は、肉体が消えてしまう火葬や火刑を恐れた。アタワルパのように、復活や来世のために死に方（殺され方）を選んだ人物も少なくない。水銀が不老不死の薬とみなされたのも、その殺菌作用が遺体の腐敗を防ぎ、そのままの姿で保存させられることに神秘性が感じられたからだろう。

現代では復活（?）を科学の力で成し遂げようと、コールドスリープや人体再構築、自我の保存などといった研究も行われている。しかしたとえ実現しても、私たちの「終活」の選択肢に上がるのははるか未来になるだろう。

もし死んでも生き返ることができるなら、まだ見知った人が生きている早いうちに復活したいものだ。あまり早すぎて、アウィオラやゼノンのように二度死ぬのもごめんだけれど。

第六章

近代の足音

（18 世紀～）

産業・技術・思想の発展を遂げた欧州が、世界を蚕食しつつ混迷を深めていく。新興のアメリカは、世界を先取りする「死」を生んでいく。日本では、長く奇妙な近世を通過した人々が急激に世界史へ引き寄せられる。一つの歴史の終焉と、新たな時代の始まりが近づいている。

【オラニエ公、イングランド王】

ウィリアム3世

William III

1650 ～ 1702（51歳没）

死因 ▸▸▸ **落馬事故・病死**

オラニエ公ウィレムとしてオランダを統治するとともに、イングランド王ジェームズ2世を名誉革命で追放し、その妹で自分の妻であるメアリ2世とともにイングランドも支配した。治世の間、彼はジャコバイト（ジェームズ2世派）やフランスのルイ14世との戦いに明け暮れた。ある日、乗っていた馬がモグラの穴につまずき、ウィリアム3世は落馬して鎖骨を折った。しばらくは事態を重く見ず普段通り公務をこなしていたが、傷が悪化して肺炎を起こし、2週後に死去。ジャコバイトは穴を掘った「小さな黒衣の紳士」を讃え祝杯をあげた。

【郡山藩主】

本多忠村

ほんだ・ただむら

1710〜1722（12歳没）

死因 ▸▸▸ 病死

幼名唐之助。7歳で家督を継いだが、12歳で疱瘡《ほうそう》（天然痘）により死去。当時は当主が後継ぎなしに没した場合、特に17歳未満の時は家を取り潰される規程だった。忠村の死を内密に知らされた将軍徳川吉宗は、名家が絶えるのを惜しみ「疱瘡というのは容貌が変わるものだ」と何度も口にした。暗に別人を忠村とすり替えても知らぬふりをしようという吉宗の恩情だったが、その言葉を伝えられた本多家の家臣たちは、吉宗の真意を見抜けなかったのか正直に当主の死を報告した。それでも本多家は特別に取り潰しを免れたが大幅に減封《げんぽう》※された。

※減封……領地の一部を削減すること。

【熊本藩主】

細川宗孝

ほそかわ・むねたか

1716 ～ 1747（31 歳没）

死因 ▸▸▸ 暗殺

毎月の将軍拝謁の日に江戸城に登城し、厠に入っていた宗孝は、突然背後から板倉勝該《いたくらかつかね》に斬りつけられ、間もなく死亡した。子がいなかったため熊本藩細川家は断絶・取り潰しの危機に瀕したが、弟を末《まつ》期《ご》養子※とみなすことが認められ、細川家は命運を繋いだ。その後、細川家は事件の原因と噂された家紋を変え、服につける家紋の数を増やした。

※末期養子……死の床で後継ぎに指定した養子。

【江戸時代の旗本】

板倉勝該

いたくら・かつかね

？〜1747（没年齢不詳）

死因 ▸▸▸ 切腹

勝該は元より「狂癇《きょうかん》の疾《やまい》」があったとされる。本家の板倉勝清《かつきよ》が自分を隠居させようとしていると聞いて勝清殺害を思い立ち、江戸城に登って勝清を探した。しかし勝清と細川家の家紋が似ていたので、まったくの人違いで宗孝を斬ったのだという。一方で宗孝と直接因縁があったとする異説もある。その説によれば、勝該の屋敷が細川家の屋敷の崖下にあり、雨のたびに汚水が流れてくることに苦情を言っても取り合ってもらえなかったのを恨んだという。宗孝襲撃後、厠の中で隠れているのを発見された勝該は、8日後に切腹させられた。

【イングランドの数学者】

アブラーム・ド・モアブル

Abraham de Moivre

1667 ～ 1754（87歳没）

死因 ▸▸▸ **昏睡**

いわゆるド・モアブルの定理※の原型を証明し、スターリングの近似※の原型を発見したことで知られる。フランス出身だが、新教徒であったため若い頃にイングランドに亡命し、アイザック・ニュートンらから高い評価を受けた。年老いたド・モアブルは昏睡状態に陥ることが多くなり、「私は毎日、前の日より10分か20分長く眠らなければならないのだ」と言った。その言葉通りに毎日徐々に睡眠時間が延び、ついに1日のうち合計で23時間以上眠り続けるまでになった。翌日、彼は24時間睡眠、すなわち永眠した。

※ド・モアブルの定理……複素数と三角関数とを結ぶ、数学の基本定理の一つ。
※スターリングの近似……階乗の近似値を求めるための公式の一つ。

【ロシアの将軍】

ステパン・フョードロヴィチ・アプラークシン

Степан Фёдрович Апраксин

1702 ～ 1758（56 歳没）

死因 ▸▸▸ 怖がりすぎ

七年戦争で大軍を率いてプロイセンに侵攻したが、決定的な勝利を目前にして突然撤退した。兵の給料や食料が届いていないという正当な理由があったうえ、この頃戦争を主導していた女帝エリザヴェータが重病で倒れ、アプラークシンはこのままプロイセンを倒しても自分の政治生命が危うくなると判断したのであった。帰国後に軍法会議にかけられ、「今や残る道はただひとつ――」と判決の主文が読み上げられ始めた時、拷問と死刑という判決を予想していたアプラークシンは恐怖のあまり気絶、その場で死去。実際は無罪放免だった。

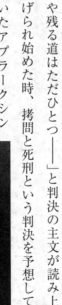

【マサチューセッツの法律家、政治家】

ジェームズ・オーティス

James Otis

1725 ～ 1783（58 歳没）

死因 ▸▸▸ 落雷死

イギリス支配下のマサチューセッツ植民地政府が市民に対する強制捜査や財産押収を認めたり、イギリス本国の意を受けて増税しようとしたりした時に激しい反論を繰り広げ、後のアメリカ独立につながる先駆けとなった。引退してから邸宅で余生を送る中で、しばしば妹に「神が雷光で私をあの世へ連れて行ってくれたら」と語っていた。ある大雨の日、オーティスが家で親戚たちと語らっていた時、雷が煙突に落ちてドアの近くに立っていたオーティスを貫き、彼が望んでいた通りに即死させた。

【江戸時代の旗本】

佐野政言

さの・まさこと

1757 〜 1784（27歳没）

死因 ▸▸▸ 斬首

江戸城内で若年寄の田沼意知《たぬまおきとも》に斬りつけ、重傷を負わせた。「意知が手傷により死亡したため切腹を申しつける」と判決を言い渡されたところで相手の死を初めて知り、「有難き幸せ」と心から感謝した。当時の切腹は罪人が三方《さんぼう》に載った木刀を腹に当てたところで首を斬られるという形式的なものだったが、政言は本当の切腹がしたいと言い出した。責任者である目付の山川下総守《しもうさのかみ》は「短刀を取り寄せるまでしばらくお待ちを、それとその三方は作法通り高く捧げ持つように」と求め、佐野が三方に手を伸ばし頭を下げた瞬間にその首を斬らせた。

【カージャール朝の創始者】

アーガー・ムハンマド・カージャール

آقامحمدخان قاجار

1734頃～1797（63歳没？）

死因 ▸▸▸ **暗殺**

カスピ海南岸のカージャール族を率い、イラン全土を征服した。対ロシア遠征に向かう途中、自分の居室で2人の召使が喧嘩しているのを見つけた。激怒したアーガー・ムハンマドは、彼らをただちに処刑するよう命じたが、周囲のとりなしを受けて執行を1日延期することにした。ところが不注意にも、処刑を待つ彼らに普段通り身の回りの世話を任せたまま眠りに落ちてしまい、彼らに刺殺された。

【アイルランドの革命家】

テオバルド・ウルフ・トーン

Theobald Wolfe Tone

1763 ～ 1798（35歳没）

死因 ▸▸▸ **失血死**

イギリス支配下のアイルランドをフランス軍とともに解放しようとして敗れ、イギリス軍に捕らえられた。名誉ある銃殺刑ではなく絞首刑の判決が下ったため自らペンナイフで喉を掻き切ったが、すぐに医師が駆けつけて止血したので生きながらえた。7日後、絞首刑場に連れていかれる途中、医師が「もし彼が喋ろうとしたら、すぐさま（傷口が開いて）死んでしまうでしょう」とささやき合うのを聞きつけたトーンは「感謝の言葉も見つからない。あなたから聞ける最高のニュースだ。私が何のために生きながらえようというのだ？」と語って死亡。

【アメリカの大統領】

ジョージ・ワシントン

George Washinghton

1732～1799（67歳没）

死因 ▸▸▸ **病死・失血死**

イギリスからの独立戦争を率い、初代アメリカ大統領に選出された。引退後のある冬の日、ワシントンは乗馬して大農場の見回りに出かけた。雪や雨に打たれて帰宅し、客を待たさぬようにと濡れた服を着替えず夕食をとったが、晩から喉が酷く痛み始めた。ただの風邪だと言っているうちに悪化し、翌々日に駆けつけた地元の監督官に瀉血《しゃけつ》※をさせた。妻が止めてもワシントンは「もっと、もっとだ！」と続けさせ、後から来た医者たちにも瀉血させた。最終的に約2・4リットルの血が抜かれ、失血と病状悪化により同日中に死去。

※瀉血……血液を抜く治療法。

【ベルギーの貴族、オーストリアの軍人】

シャルル・ジョゼフ・ド・リーニュ

Charles-Joseph de Ligne

1735 〜 1814（79 歳没）

死因 ▸▸▸ **病死**

身の回りを紅色で彩るなどの洒脱《しゃだつ》な行動で知られ、「紅の騎士」「ヨーロッパ最後の騎士」などと呼ばれる。ウィーン会議を皮肉った「会議は踊る、されど進まず」とは彼の言である。会議自体には参加せず気ままに過ごしていたが、ある寒い夜、逢瀬を約束したある女性を城壁に立って待ち続けていたが、待ちぼうけを食らい体調を崩す。臨終間際に家族が手を握ったところ「わしはまだ聖人にはなっておらぬわ、わしをもう聖遺物にしてしまう気か」と述べ、まもなく死去。

【イギリスの政治家】

ウィリアム・ハスキソン

William Huskisson

1770 ～ 1830（60 歳没）

死因 ▸▸▸ 鉄道事故死

トーリー党に属し大臣を歴任したが、党の主流派と対立してホイッグ党に接近した。鉄道の父スティーブンソンを支援し、彼が手がけたリバプール・マンチェスター間鉄道の開通式に参加した。来賓車に乗ったハスキソンは、停車した折に隣の線路上に一旦降りて、同じく来賓のウェリントン公に挨拶しにいった。ところがその線路を別の機関車ロケット号が走ってきた。ハスキソンは客車に戻り切れずロケット号と接触、足を轢かれた。スティーブンソンが鉄道でマンチェスター駅へ搬送したものの助からず、史上最初の鉄道事故死者となった。

【シク王国の君主】

ナウ・ニハール・シング

ਨੌਨਿਹਾਲ ਸਿੰਘ

1821 ～ 1840（19歳没）

死因 ▸▸▸ 圧死

北インドのパンジャーブ地方にシク王国を建設したランジート・シングの孫。暗愚の父カラク・シングが王位に就いた後、任地から遅れて帰ってきたナウ・ニハール・シングは宰相と手を組んで父を幽閉し、王位を奪った。国内反乱や周辺諸国への遠征に成功し、イギリスの圧力もはねのけた。王位獲得から1年後、カラク・シングが死去した。その葬式に出向いたナウ・ニハール・シングだったが、居城に帰ってきたところで城門が崩落し圧死。

【江戸時代の旗本】

松下伝七郎

まつした・でんしちろう

？～1848（没年齢不詳）

死因 ▸▸▸ 厠の穴に落ちる

江戸城内で将軍徳川家慶《いえよし》の傍に仕える小納戸《こなんど》の役職にあり、冬至の夜に泊まり番をしていた時、家慶に大きな杯で数杯の酒を飲まされた。伝七郎は泥酔したまま用を足しに行ったが、厠の穴に落ちて死亡。『醇堂叢稿《じゅんどうそうこう》』※には「糞死」と書かれている。江戸城の厠の穴は巨大な溝のように石敷きで幅広く、深さ「丈余」（3メートル以上）もあったため、落ちて糞に埋まれば酔っていなくとも助からなかった。後に事情を聴いた家慶は、自分の行いがもとで伝七郎が死んだのを知って反省し、松下家の存続を許した。

※『醇堂叢稿』……旗本出身の大谷木醇堂（おおやぎ・じゅんどう）が明治期に著した随筆。

【江戸末期の詩人】

梁川星巌

やながわ・せいがん

1789 〜 1858（69歳没）

死因 ▸▸▸ **病死**

美濃国大垣出身で各地を旅し、漢詩人として名を知られるようになった。ペリー来航により日本が開国を迫られる中、星巌は攘夷を強く主張し、京で公家に働きかけるなどの運動をおこなった。また放浪中に各地の志士と親交を結んでいたこともあって、彼は攘夷派の志士たちの中心人物の一人となっていた。これを危険視した幕府は、公家を唆《そそのか》し朝廷を動かそうとした罪で志士たちを次々と逮捕し極刑にかけていった。しかし星巌はこの直前に突然コレラを発病して急死、逮捕を免れた。京の人々は「星巌は死（詩）に上手だ」と噂しあった。

【アメリカの軍人】

ジョン・セジウィック

John Sedgwick

1813 ~ 1864（50歳没）

死因 ▸▸▸ **戦死**

アメリカ南北戦争で北軍の少将として活躍する。敵の南軍の布陣を探っていたとき、半マイル（約800メートル）先にいる敵兵に自陣を狙撃された。北軍の兵たちは怯えて身をかがめ、物陰に隠れたが、当時の銃ではこの距離でまともに弾を当てられないのを知っていたセジウィックは「たった1発の弾をそんな風に避けるのか？」「奴らが全戦線で撃ってきたらどうするつもりだ？　お前たちが恥ずかしい。この距離ではゾウでも当たらない」と兵をなじった。それでも渋る兵を見て、笑いながら同じ言葉を繰り返したが、2分後に顔面に銃弾を受け死亡。

【太平天国の乱の指導者】

洪秀全

こう・しゅうぜん

1814 ～ 1864（50歳没）

死因 ▸▸▸ **病死**

清の後期の人物で、科挙に4回落ちた後、キリスト教に独自の解釈を加えた教団を形成した。大勢の信徒を集めた彼は最終的に「天王」と名乗り「太平天国」の建国を宣言し、13年にわたり中国南部で大規模な反乱を繰り広げた。しかし内部分裂や西洋勢力の介入もあって衰退し、最終的に首都天京（南京）を残すのみとなった。長い包囲戦の末に食料が底をつくと、洪秀全は「マナを集めて調理せよ」と命じた。マナは旧約聖書で神が降らせたとされる食物のことだが、代わりに城中の雑草を塊にして食べたために体調を崩し、まもなく死去。

【イギリスの数学者、哲学者】

ジョージ・ブール

George Boole

1815 ～ 1864（49歳没）

死因 ▸▸▸ **風邪**

ブール代数※を考案し、記号論理学の分野を開拓したことで知られる。クイーンズ・カレッジ・コーク（現在のアイルランド国立大学コーク校）で教授を務めていたが、ある大雨の日、家から3マイル（約5キロメートル）の距離を歩いて出勤し、ずぶ濡れのまま上着も脱がず1日中講義をしたため風邪をひき、こじらせた。さらにホメオパシー※の信奉者だった妻が、湿った布でブールの体を覆ったせいで病状が悪化。重い気管支炎・肺炎となり、発病から19日後に死去した。

※ブール代数……論理学の命題を数学的に処理するための代数。
※ホメオパシー……病気の原因になったものを使って病気を治せるという考え方。

【アメリカの政治家、弁護士】

クレメント・ヴァランディガム

Clement Vallandigham

1820 ～ 1871（50 歳没）

死因 ▸▸▸ ピストルの暴発

オハイオ州出身の民主党議員。南北戦争では北部にいながら南部を支持し即時停戦を求める派閥「コッパーヘッド」を率い、リンカン大統領と激しく対立した。ある時、2人の男が浴室で乱闘した末に一方が銃弾を受け死亡する事件が起きた。弁護人となったヴァランディガムは、「被害者がポケットから拳銃を引き抜こうとして暴発させ、自分を撃ってしまった」と主張、自ら拳銃をさして実演した。ところがこの銃には実弾が入っていて、彼の主張通り暴発、彼自身を撃ち抜いた。被告は無罪放免となったが、ヴァランディガムは翌日死去。

【明治時代の裁判官】

平賀義質

ひらが・よしただ

1826～1882（55歳没）

死因 ▸▸▸ **中毒死**

福岡藩士の子として生まれ、幕末にアメリカに留学して3年間を過ごし、明治維新後に帰国した。その後司法の道に進み、岩倉使節団に参加して欧米を巡って、帰国後には函館裁判所長や検事局判事を歴任した。長男が急死したという知らせを聞いて帰宅し、置いてあった水を飲んで一息ついた。しかしそれは長男が自殺するのに使った毒薬だったため、平賀もまもなく死去。

【アメリカの探偵】

アラン・ピンカートン

Allan Pinkerton

1819 ～ 1884（65 歳没）

死因 ▸▸▸ 転倒して舌を噛む

世界初の私立探偵会社であるピンカートン探偵社を設立した。南北戦争の頃には、北部に協力してリンカン大統領の警護や南部の諜報などを担当した。戦後も、民間ながら巨大な探偵組織を活かして政府と協力し、さまざまな犯罪の摘発にあたった。朝の散歩が日課であったが、ある日なにかにつまずいて転倒し、舌を噛んだ。その傷口が壊疽を起こし、3週間後に死去。

【明治時代の技術者、官僚】

肥田浜五郎

ひだ・はまごろう

1830 ～ 1889（59歳没）

死因 ▸▸▸ **鉄道事故死**

咸臨丸《かんりんまる》の太平洋横断や岩倉使節団に参加し、海軍の技術武官を経て宮内省御料局長官となった。京阪方面へ鉄道（現在の東海道本線）で出張した際、前もって計画していた通り静岡駅で用を足そうとしたが、ちょうど茶摘みの女性が大勢駅に来ていて便所も混雑していた。肥田は諦めて鉄道に戻り、藤枝《ふじえだ》駅で改めて便所に行った。しかし停車時間が短く、乗り遅れそうになった肥田は走り始めた列車に飛び乗ろうとして、誤って車両の間に転落。外套《がいとう》が車輪に巻き込まれて重傷を負い、翌日死去。この事故後、トイレを設置した列車の導入が進んだ。

【イギリスの画家】

フレデリック・レイトン

Frederic Leighton

1830 ～ 1896（65 歳没）

死因 ▸▸▸ **病死**

イタリアやフランスを巡った末にロンドンを中心に活動し、歴史画や宗教画を得意とした。イギリス王室芸術院の会長を務めるなど、生前から高い名声を得ていた。１８９５年に一度健康を害したが持ち直したと思われ、１８９６年の新年に画家として初めて貴族の爵位を与えられた。その叙爵式が行われた翌日、レイトンは急死した。後継者がいなかったため、「ストレットンのレイトン男爵家」は創設１日で断絶した。

【ドイツの軍人、軍事大臣】

ディートリヒ・フォン・ヒュルゼン＝ヘーゼラー

Dietrich von Hülsen-Haeseler

1852 ～ 1908（56 歳没）

死因 ▸▸▸ 心臓麻痺

ドイツ皇帝ヴィルヘルム２世や友人たちとともに休暇中、ある日の夕食会で余興としてピンクのバレエスカートとバラの花輪を身に着けて現れ、音楽に乗せて踊った。ピルエット※まで披露して疲れた彼は終わりのお辞儀をし、次の瞬間そのまま倒れ伏した。女装のまま医師の診察を受けたものの、１時間半後に心臓麻痺による死亡が確認された。この事件をきっかけに皇帝や側近たちの同性愛関係が取りざたされ、穏健的な政治家が排除されるなどして、後に第一次世界大戦が勃発する遠因の１つともなった。

※ピルエット……片脚を軸として回転するバレエの技。

【ロシアの作家】

レフ・ニコラエヴィチ・トルストイ

Лев Николаевич Толстой

1828 ～ 1910（82歳没）

死因 ››› 病死

妻との折り合いが悪くなり、ある夜、長らく計画していた家出を決行した。「妻が感づいて追ってくることを恐れ狼狽する自分の姿」を冷静に客観視した置き手紙を書き残し、娘たちとともにひそかに荷造りをした。そして信頼する医師1人を連れて屋敷を抜け出し、鉄道に乗って逃げた。妹が入っている修道院を訪問した後、妻が追ってくるのにおびえながら南国へ向かおうとしたが、中途のアスターポヴォ駅で体調を崩した。肺炎にかかったトルストイは、1週間後に駅長の宿舎で死去。後にアスターポヴォ駅はレフ・トルストイ駅と改称した。

【アメリカの小説家】

マーク・トウェイン

Mark Twain

1835～1910（74歳没）

死因 ▸▸▸ **病死**

『トム・ソーヤーの冒険』などの作品で知られる。１８３５年11月、ハレー彗星の近日点通過と同じ月に生まれた。晩年の１９０９年、友人に「私は１８３５年にハレー彗星とともにこの世にやって来た。ハレー彗星は来年またやってくるが、私も一緒に去っていきたいものだよ。（中略）ああ、私はそうなることを待ち望んでいるのだ」と語った。そしてその言葉通り、１９１０年4月21日に死去。ハレー彗星が近日点に達したまさにその翌日のことだった。

【イギリスの女性参政権運動家】

エミリー・デイヴィソン

Emily Wilding Davison

1872 〜 1913（40歳没）

死因 ▸▸▸ 馬にはねられる

１９００年前後のイギリスでは、サフラジェットと呼ばれる女性活動家たちが女性参政権を求めてデモやハンガーストライキなどの抗議活動を展開した。中には放火や器物損壊などのテロをおこなう者も現れた。デイヴィソンはオックスフォード大学で優秀な成績をとったが男性と同等の学位を与えられず、参政権運動に活発に参加して９回投獄された。エプソム・ダービーでイギリス王ジョージ５世が所有する馬が出走した時、デイヴィソンは観客席から柵をくぐって侵入し、疾走する馬の手綱にスカーフを結わえつけようとしてはね飛ばされ死亡。

COLUMN
6

第一次世界大戦――死と歴史が行き着く先

１９１４年6月28日、ボスニアのサライェヴォで、歴史上もっとも重い拳銃の一発が放たれた。オーストリア＝ハンガリー帝国の皇太子フランツ・フェルディナントが、街頭に詰めかけた大勢の群衆の目の前で、セルビア人ガヴリロ・プリンツィプに暗殺されたのだ。

このサライェヴォ事件を発端として始まった戦争は、瞬く間にヨーロッパ中に、そして世界中に飛び火した。第一次世界大戦である。

この戦争は、「死」という面からも世界を一変させた。約４年の間に敵味方合わせて約８５０万人の兵士が命を落とした。これほどまでに戦死者数が膨れ上がった理由の一つには、機関銃や毒ガスといった近代兵器の普及が挙げられる。戦場は１人が１人を殺す場から、曖昧な数字上の人命がふっと消える場となった。

もちろんその前兆は、アメリカに、スーダンに、南アフリカに、チベットに、そして旅順にもあった。それが完成に至った第一次世界大戦では、一つの戦場で、ほんの数時間で数万人が死傷していった。戦後の人口統計をみれば、明らかにある世代にぽっかりと大きな穴が空いている。ここから先は、もう一つ一つの「死」を取り上げている場合ではない。

またこの大戦は、生き残った者たちの「歴史」においても重要な転換点となった。戦闘に投入された兵士は6500万人に上る。これまでの戦争とは文字通り桁違いの数字である。その他の人々も動員がかけられ、軍需産業などに従事した。

本書が「第一次世界大戦以前の死」という採録基準を設けたのも、いよいよ歴史の担い手が特定の「偉人」たちから「私たち」へとシフトしていく、数ある中でも特に大きな区切りがここにあるからなのだ。

あとがき

「世界死」というアイデアは、ただの一歴史好きに過ぎない筆者が片手間に動かし始めた「世界死ｂｏｔ」なるツイッターアカウントから始まりました。元々フォロワー１桁の「世界の国名由来ｂｏｔ」なるつまらないアカウントを改装し、博識なフォロワーの皆様から教えていただいた話を盛り込みつつ組み立ててきたこのアカウントは、約４年で本当に大きく成長しました。

ニッチ層には刺さるだろう、少しは有名になるだろうという算段もないわけではなかったのですが、まさかこれが書籍となって世に出るとは思いもよらぬことでした。それと同じくらい、世界が４年間でこれほど変化するというのも想像できなかったのですが……。

２０２０年から世界的に流行を見せる新型コロナウイルス感染症（COVID-19）は、私たちの暮らしを一変させました。そんな中、この「世界死」ほど世に出る意義が変わってしまった本もなかなかないでしょう。

現代、特に日本のような国に生きる多くの人にとって、「死」は日常から遠く離れた、忘れ去られたテーマでした。家族や友人、あるいは政府要人からテレビに映るタレントまで、明日明後日も変わらず生きているのが当たり前であり、時折誰かの訃報に接したときだけ思い出したように非日常を味わっていました。

疫病の流行は、そんな世界を一変させました。よく知ったあの人が突然体調を崩して隔離され、数日も経たぬうちに世を去ったことを知らされる。そんな非日常を、これほど多くの人が同時に、そして立て続けに経験する事態は、現代を生きる私たちに図り知れない衝撃を与え続けています。

ツイッターで寄せられる感想の傾向も、少しずつ変化してきました。人物たちと自分を重ね合わせたり、「死を忘れるな（メメント・モリ）」という言葉を思い起こしたり。

元より「世界死」とは、軽薄に人の死をいじったり、笑ったりして消費するだけのためのコンテンツではないのです。とはいえどんなに言い訳しても不謹慎極まりないことは確かなのですが、それでも手に取ってここまで読んでくださった皆様に、何かを考える一つのきっかけをお渡しできていれば幸いです。

書籍化のお話をいただいてからたった200人の「死」をまとめるために、2年もかかってしまいました。不安定でノロノロとした執筆ペースに合わせていただき、経験の浅さと悪筆を補っていただきながらここまでご鞭撻いただいた彩図社様と編集の黒島様には、感謝しきれるものではありません。ツイッター上で情報を提供してくださった皆様にも、心より御礼申し上げます。またこの機会に、これまでさまざまな場面でおかけした数々のご迷惑を改めてお詫びいたします。

個人的にお力添えをいただいた皆様

Ａ氏、Ｉ氏、Ｋ氏、Ｋ氏、Ｍ氏、Ｎ氏、Ｔ氏、Ｔ氏、Ｔ氏、Ｕ氏、Ｗ氏、Ｗ氏、Ｚ氏

本書の執筆刊行にあたり、上掲の方々からいただいた格別のご支援に感謝するとともに、いまこの後書きを書いている時点で全員がご存命であり、本書をお届けすることができるという代えがたい奇跡に思いを致すものであります。

皆様、良き一生をお過ごしください。

２０２１年6月　遠海総一

参考文献リスト

本書で紹介した「死」は、すべて何らかの史料や先行する文献に基づいています。以下にそのすべてを列挙します。ただし、時間や資料アクセス上の制約、また筆者の力不足により、あまり学術的でない文献や事典などからの孫引きがございます。ただその場合も、極力読者の方が原典を辿りやすいような文献を用いるようにしています。また前書きで触れた通り、実際には史実性・信憑性が低いと見られている「死」も含まれています。

◆……史料　無印……その他の文献

【本文】

メネス：①◆ディオドロス『神代地誌』第1巻 エジプト誌・続 四五。②◆ヘロドトス『歴史』巻二 九九。③Manetho (1971), Manetho / with an English translation by W. G. Waddell, translated by W. G. Waddell, Harvard University Press London, pp. 26–29. ④ピーター・クレイトン（吉村作治監修、藤沢邦子訳）『古代エジプト ファラオ歴代誌』太洋社、１９９９年、25～26頁。⑤飯尾都人訳『ディオドロス 神代地誌』龍渓書舎、１９９９年、67頁。⑥松平千秋訳『世界古典文学全集 ヘロドトス』筑摩書房、１９６７年、98頁。／**昭王**：◆『帝王世紀』引用、『史記正義』巻四。／**幽王**：◆『史記』巻四 周本紀 第四。／**カンダウレス**：松原國師『西洋古典学事典』京都大学学術出版会、２０１０年、４５５、４７０頁。／**ドラコン**：◆『スーダ辞典』。／**桓公**：①◆『史記』巻三十二 斉太公世家 第二。

②◆『漢書』東方朔傳 顔師古注。／**介子推**：①◆『十八史略』巻一。②丸山松幸・西野広祥訳『十八史略Ⅰ 覇道の原点』徳間書店、１９９９年、１４４～１４５頁。③森下修一訳『完訳 十八史略』上巻、近藤出版社、１９８３年、66頁。／**霊公（鄭）**：◆『春秋左氏伝』宣公四年。／**霊公（陳）**：◆『史記』巻三十六 陳杞世家 第六。／**景公**：◆『春秋左氏伝』成公十年。／**フィガリアのアッラキオン**：①◆パウサニアス『ギリシア記』第8巻40節。②パウサニアス（飯尾都人訳編）『ギリシア記』龍渓書舎、１９９１年、５６６～５６７頁。③Gardiner, Norman(1910). Greek Athletic Sports and Festivals, London. P.450. ／**ペリラオス**：ジェフリー・アボット（熊井ひろ美ほか訳）『処刑と拷問の事典』原書房、２００２年、２６２～２６３頁。／**パラリス**：松原國師『西洋古典学事典』京都大学学術出版会、２０１０年、９３２頁。／**ミレトスのタレス**：①◆ディオゲネス・ラエルティオス『ギリシア哲学者列伝』第1巻1章36～39節。②加来彰俊訳『ギリシア哲学者列伝』上、岩波書店、１９８４年、38～40頁。／**キュロス2世**：①◆ヘロドトス『歴史』巻一 ２０５～２１４頁。②松平千秋訳『ヘロドトス』世界古典文学全集（10）、筑摩書房、１９６７年、68～71頁。／**カロンダス**：松原國師『西洋古典学事典』京都大学学術出版会、２０１０年、４５５頁。／**ラケダイモンのキロン**：①◆ディオゲネス・ラエルティオス『ギリシア哲学者列伝』第1巻3章72節。②加来彰俊訳『ギリシア哲学者列伝』上、岩波書店、１９８４年、68頁。③松原國師『西洋古典学事典』京都大学学術出版会、２０１０年、４８５、４８６頁。／**クロトンのミロン**：①◆パウサニアス『ギリシア記』第6巻14章6～9節。②◆ヴァレリウス・マクシムス『著名言行録』第9巻12章。③松原國師『西洋古典学事典』京都大学学術出版会、２０１０年、１２５３頁。④パウサニアス（飯尾都人訳）『ギリシア記』龍渓書舎、１９９１年、４０４頁。／**貞姜**：◆『列女伝』巻四 楚昭貞姜／**ピュタゴラス**：①◆ディオゲネス・ラエルティオス『ギリシア哲学者列伝』第8巻1章39節。②松原國師『西洋古典学事典』京都大学学術出版会、２０１０年、９８４頁。③加来彰俊訳『ギリシア哲学者列伝』下、岩波書店、１９８４年、41～42頁。／**ヘラクレイトス**：①◆ディオゲネス・ラエルティオス『ギリシア哲学者列伝』第8巻9章3～4節。②加来彰俊訳『ギリシア哲学者列伝』下、岩波書店、１９８４年、92～94頁。／**パウサニアス**：松原國師『西洋古典学事典』京都大学学術出版会、２０１０年、８９８頁。／**アイスキュロス**：①◆ヴァレリウス・マクシムス『著名言行録』第9巻12章。②ガイウス・プリニウス・セクンドゥス（中野定雄・中野里美・中野美代訳）『プリニウスの博物誌Ⅰ』、雄山閣出版、１９８６年、４３５～４３６頁。③松原國師『西洋古典学事典』京都大学学術出版会、２０１０年、10頁。／**青井**：①◆『呂氏春秋』巻十二 季冬記（附）序意。②楠山春樹『呂氏春秋』上、新編漢文選、明治書院、１９９６年、３２３～３２５頁。／**豫譲**：◆『史記』巻八十六 刺客列傳 第二十六 豫譲。／**エンペドクレス**：①◆ディオゲネス・ラエルティオス『ギリ

シア哲学者列伝』第8巻2章66～70節。②松原國師『西洋古典学事典』京都大学学術出版会、２０１０年、３４６頁。③加来彰俊訳『ギリシア哲学者列伝』下、岩波書店、１９８４年、63～67頁。／**呉起**：◆『史記』巻六十五 孫子呉起列伝 第五。／**アルキアス**：松原國師『西洋古典学事典』京都大学学術出版会、２０１０年、１４６頁。／**デモクリトス**：①◆ディオゲネス・ラエルティオス『ギリシア哲学者列伝』第9巻7章43節。②加来彰俊訳『ギリシア哲学者列伝』下、岩波書店、１９８４年、１３０～１３１頁。／**ヘロストラトス**：①◆ウァレリウス・マクシムス『著名言行録』第8巻14章。②松原國師『西洋古典学事典』京都大学学術出版会、２０１０年、１１５０頁。②David S. Kidder, Noah D. Oppenheim, The Intellectual Devotional Biographies: Revive Your Mind, Complete Your Education, and Acquaint Yourself with the World's Greatest Personalities, Rodale Books, 2010, p.46.／**龐涓**：◆『史記』巻六十五 孫氏呉起列伝 第五／**ゾイロス**：①松原國師『西洋古典学事典』京都大学学術出版会、２０１０年、７０７頁。／**アリストテレス**：松原國師『西洋古典学事典』京都大学学術出版会、２０１０年、１３６、３１１頁。／**クセノクラテス**：松原國師『西洋古典学事典』京都大学学術出版会、２０１０年、４９３頁。／**ストラトニコス**：松原國師『西洋古典学事典』京都大学学術出版会、２０１０年、６７３頁。／**武王と孟説**：◆『史記』巻五 秦本紀 第五／**武霊王**：◆『史記』巻四十三 趙世家 第十三／**アガトクレス**：松原國師『西洋古典学事典』京都大学学術出版会、２０１０年、41頁。／**ピュロス**：Jeff Champion, Pyrrhus of Epirus, 2009, pp. 136-138.／**キティオンのゼノン**：①◆ディオゲネス・ラエルティオス『ギリシア哲学者列伝』第7巻1章28節。②加来彰俊訳『ギリシア哲学者列伝』中、岩波書店、１９８４年、２２８～２２９頁。／**転向者ディオニュシオス**：①◆ディオゲネス・ラエルティオス『ギリシア哲学者列伝』第7巻5章１７６節。②加来彰俊訳『ギリシア哲学者列伝』中、岩波書店、１９８４年、３４９頁。／**田光**：◆『史記』巻八十六 刺客列傳 第二十六 荊軻／**趙高**：◆『史記』秦始皇本紀／**エレアザル・マカバイ**：①◆フラウィウス・ヨセフス『ユダヤ戦記』第1巻1章42～44節。②ヨセフス（新見宏訳）『ユダヤ戦記』1、修文社、１９７５年、39頁。／**アッタロス3世**：松原國師『西洋古典学事典』京都大学学術出版会、２０１０年、75頁。／**劉賢**：◆『漢書』巻三十五 荊燕呉伝／**李広**：◆『漢書』李広蘇建伝 第二十四／**李敢**：◆『漢書』李広蘇建伝 第二十四／**シドンのアンティパトロス**：ガイウス・プリニウス・セクンドゥス（中野定雄・中野里美・中野美代訳）『プリニウスの博物誌Ⅰ』、雄山閣出版、１９８６年、３３２頁。／**ガイウス・ユリウス・カエサルとガイウス・ユリウス・カエサル**：ガイウス・プリニウス・セクンドゥス（中野定雄・中野里美・中野美代訳）『プリニウスの博物誌Ⅰ』、雄山閣出版、１９８６年、３３３頁。／**ミトリダテス6世**：ジャン・ド・マレッシ（橋本到、片桐祐訳）『毒の歴史―人類の営みの裏の軌跡』新評論、１９９６年、

186頁。／**マルクス・ポルキウス・カト・ウティケンシス**：松原國師『西洋古典学事典』京都大学学術出版会、2010年、417頁。／**マルクス・アントニウス**：エイドリアン・ゴールズワーシー（阪本浩訳）『アントニウスとクレオパトラ』白水社、2016年、183〜185頁。／**王莽**：①◆『十八史略』巻二。②◆『晋書』巻三十六・張華傳。③丸山松幸・西野広祥訳『十八史略Ⅲ 梟雄の系譜』徳間書店、2000年、144〜145頁。③森下修一訳『完訳 十八史略』上巻、近藤出版社、1983年、263頁。／**クラウディウス・ドルスス**：①◆スエトニウス『ローマ皇帝伝』第5巻26章。②スエトニウス（国原吉之助訳）『ローマ皇帝伝』下、岩波書店、1986年、113頁。／**ルキウス・アエリウス・セイヤヌス**：①◆カッシウス・ディオ『ローマ史』第58巻。②Cassius Dio, Dio's Roman History VII, translatd by Earnest Cary, London, 1924, pp. 211-217.／**グナエウス・コルネリウス・レントゥルス・アウグル**：①松原國師『西洋古典学事典』京都大学学術出版会、2010年、1374頁。／**ティベリウス**：ジャン・ド・マレッシ（橋本到、片桐祐訳）『毒の歴史—人類の営みの裏の軌跡』新評論、1996年、142頁。／**マルクス・ガウィウス・アピキウス**：松原國師『西洋古典学事典』京都大学学術出版会、2010年、99頁。／**ガイウス・カルプルニウス・アウィオラ**：ガイウス・プリニウス・セクンドゥス（中野定雄・中野里美・中野美代訳）『プリニウスの博物誌Ⅰ』、雄山閣出版、1986年、332頁。／**小アグリッピナ**：①◆スエトニウス『ローマ皇帝伝』第6巻34章。②スエトニウス（国原吉之助訳）『ローマ皇帝伝』下、岩波書店、1986年、171〜172頁。③松原國師『西洋古典学事典』京都大学学術出版会、2010年、56頁。／**ポッパエア・サビナ**：①◆スエトニウス『ローマ皇帝伝』第6巻35章。②スエトニウス（国原吉之助訳）『ローマ皇帝伝』下、岩波書店、1986年、173〜174頁。③松原國師『西洋古典学事典』京都大学学術出版会、2010年、1171頁。／**ネロ**：スエトニウス（国原吉之助訳）『ローマ皇帝伝（下）』岩波書店、1999年、186〜193頁。／**ウェスパシアヌス**：スエトニウス（国原吉之助訳）『ローマ皇帝伝（下）』岩波書店、1999年、186〜193頁。／**ドミティアヌス**：①◆スエトニウス『ローマ皇帝伝』第8巻14〜17章。②スエトニウス（国原吉之助訳）『ローマ皇帝伝』下、岩波書店、1986年、327〜332頁。／**クラウディウス・ポンペイアヌス・クインティアヌス**：①◆アエリウス・ランプリディウス『コンモドゥス・アントニヌスの生涯』第4節。②アエリウス・スパルティアヌス他（桑山由文・井上文則・南川高志訳）『ローマ皇帝群像2』西洋古典叢書、京都大学学術出版会、2006年、9〜10頁。／**韓馥**：◆『三国志』巻六・魏書・董二袁劉伝。／**カラカラ**：①◆アエリウス・スパルティアヌス『アントニヌス・カラカルスの生涯』7節。②アエリウス・スパルティアヌス他（桑山由文・井上文則・南川高志訳）『ローマ皇帝群像2』西洋古典叢書、京都大学学術出版会、2006年、204〜207頁。／**司馬**

師：◆『晋書』巻二 帝紀第二。／**ラウレンティウス**：八木谷涼子『キリスト教歳時記』平凡社、２００３年、１８９～１９０頁。／**王衍**：◆『晋書』巻四十三 王戎 従弟衍／**郭璞**：◆『晋書』巻七十二 列伝第四十二 郭璞／**慕容垂**：◆『晋書』巻百二十三 慕容垂／**孝武帝**：①◆『晋書』巻九、帝紀第九。②◆『資治通鑑』巻百八、晋紀30頁。／**テオドリック1世**：①カタリン・エッシェー、ヤロスラフ・レベディンスキー（新保良明訳）『アッティラ大王とフン族〈神の鞭〉と呼ばれた男』講談社、２０１１年、１９５頁。②松原國師『西洋古典学事典』京都大学学術出版会、２０１０年、７８５頁。／**アッティラ**：①◆ヨルダネス『ゴート史』四九・二五四。②カタリン・エッシェー、ヤロスラフ・レベディンスキー（新保良明訳）『アッティラ大王とフン族』講談社、２０１１年、２０６頁。／**劉子業**：◆『南史』宋本紀中第二 前廃帝。／**安康天皇**：①◆『古事記』下つ巻。②中村啓信訳注『新版 古事記』角川学芸出版、２０１１年、２０６～２０８、４２４～４２６、５２５～５２６頁。／**テオドリック・ストラボ**：松谷健二『東ゴート興亡史―東西ローマのはざまにて』中央公論新社、２００３年、67頁。／**ゼノン**：①◆ゾナラス『歴史梗概』第14巻2章、31～35頁。②ジョン・フリーリ（長縄忠訳、鈴木董監修）『イスタンブール―三つの顔をもつ帝都』ＮＴＴ出版、２００５年、１００頁。③Head, Constance. Imperial Byzantine portraits : A Verbal and Graphic Gallery, New York, Cazatzas Publishing Co. Inc., 1982, p. 27. ④Zonaras, Joannes & Büttner-Wobst, Theodor (n.d.) Ioannes Zonaras. t.3. Athenai: Spanos, 1897, pp. 132-133.（原典）／**ロドゥルフス**：①◆パウルス・ディアコヌス（日向太郎訳）『ランゴバルドの歴史』知泉書館、２０１６年、19～20頁。②パウルス・ディアコヌス（日向太郎訳）『ランゴバルドの歴史』第1巻20節。／**カラリック**：①◆トゥールのグレゴリウス『フランク史』第2巻41章「カラリクスとその息子の最期」。②トゥールのグレゴリウス（杉本正俊訳）『フランク史 一〇巻の歴史』新訂版、新評論、２０１９年、98頁。／**クロデリク**：①◆トゥールのグレゴリウス『フランク史』第2巻40章「シギベルトゥス1世とその息子の最期」。②トゥールのグレゴリウス（杉本正俊訳）『フランク史 一〇巻の歴史』新訂版、新評論、２０１９年、96～97頁。／**アルボイン**：①◆パウルス・ディアコヌス『ランゴバルドの歴史』第1巻27節、第2巻28節。②パウルス・ディアコヌス（日向太郎訳）『ランゴバルドの歴史』知泉書館、２０１６年、40、65～66頁。／**ロセムンダとヘルミキス**：①◆パウルス・ディアコヌス『ランゴバルドの歴史』第2巻29節。②パウルス・ディアコヌス（日向太郎訳）『ランゴバルドの歴史』知泉書館、２０１６年、66～67頁。／**テウドゥルフス**：①◆トゥールのグレゴリウス『フランク史』第10巻14章「助祭テオドゥルフスの最期」。②トゥールのグレゴリウス（杉本正俊訳）『フランク史 一〇巻の歴史』新訂版、新評論、２０１９年、５２７～５２８頁。／**劉希夷**：◆韋絢『劉賓客嘉話録』。／**アリペルト2世**：①◆パウルス・ディアコヌス『ランゴバルドの歴史』第6巻35節。②パウルス・

ディアコヌス（日向太郎訳）『ランゴバルドの歴史』知泉書館、２０１６年、１９７〜１９８頁。／**ゴデスカルクス**：①◆パウルス・ディアコヌス『ランゴバルドの歴史』第６巻57節。②パウルス・ディアコヌス（日向太郎訳）『ランゴバルドの歴史』知泉書館、２０１６年、２１４頁。／**マルワーン２世**：イブン・アッティクタカー（池田修・岡本久美子訳）『アルファフリー』１、東洋文庫７２９、平凡社、２００４年、２８６〜２８９頁。／**マフディー**：①②イブン・アッティクタカー（池田修・岡本久美子訳）『アルファフリー』２、東洋文庫７３０、平凡社、２００４年、21頁。／**レオーン５世アルメニオス**：①ゲオルグ・オストロゴルスキー（和田廣訳）『ビザンツ帝国史』恒文社、２００１年、２６２頁。②Barnes, Weston. Basileus : History of the Byzantine Emperors 284-1453. Bloomington, AuthorHouse, p. 290. ／**ヨハネス８世**：Reardon, Wendy J. The deaths of the popes : comprehensive accounts, including funerals, burial places and epitaphs, Jefferson, North Carolina : McFarland & Company, 2013, p. 65. ／**楊彦洪**：◆『資治通鑑』巻二百五十五　唐紀七十一。／**シグルド・エイステインソン**：Orkneyinga Saga - The History of the Earls of Orkney, Translated by Hermann Pālsson and Paul Edwards. Penguin Books. 1987, pp. 26-28 ／**朱瑾**：①◆『旧五代史』巻十三　梁書十三　列伝第三。②◆『新五代史』巻四十二　雑伝第三十　朱宣　弟瑾。③◆『新五代史』巻六十一　呉世家第一。／**藤原保忠**：①◆『大鏡』第二　大臣列伝　左大臣時平　第五段。②河北騰『大鏡全注釈』明治書院、２００７年、１００〜１０３頁。／**趙思温**：◆『遼史』巻七十六　列伝第六／**コンラート赤公**：①◆コルヴァイのウィドゥキント『ザクセン人の事績』第３巻47章。②コルヴァイのヴィドゥキント（三佐川亮宏訳）『ザクセン人の事績』知泉書館、２０１７年、２１８頁。／**ヨハネス12世**：Reardon, Wendy J. The deaths of the popes : comprehensive accounts, including funerals, burial places and epitaphs, Jefferson, North Carolina : McFarland & Company, 2013, p. 72. ／**ロマノス３世アルギュロス**：①ジョン・フリーリ（長縄忠訳、鈴木董監修）『イスタンブール―三つの顔をもつ帝都』ＮＴＴ出版、２００５年、１５７頁。②Head, Constance. Imperial Byzantine portraits : A Verbal and Graphic Gallery, New York, Cazatzas Publishing Co. Inc., 1982, pp. 96-97. ／**アルプ・アルスラーン**：Muharrem KESİK, "HOW WAS SULTAN ALP ARSLAN KILLED?" Türkiyat Mecmuası, C. 24/Güz, pp. 109, 119. ／**ピエール・バルテルミー**：①◆レーモン・ダジール『エルサレムを占領したフランク人の事績』。②ランシマン（和田廣訳）『十字軍の歴史』河出書房、１９８９年、２４８〜２５５、２６５〜２６７、２８９〜２９２頁。③丑田弘忍訳『フランク人の事績：第１回十字軍年代記』鳥影社、２００８年、２０１〜２０４、２１０頁。／**フィリップ・ド・フランス**：Vitalis, Ordericus, Ecclesiastical History of England and Normandy Translated by Thomas Forester. London, 1968, pp. 105, 129 ／**ピエール・ド・ブ**

リュイ：①小田内隆『異端者たちの中世ヨーロッパ』ＮＨＫブックス、ＮＨＫ出版、２０１０年、77頁。②F. L. Cross; E. A. Livingstone, eds. (1997). The Oxford Dictionary of the Christian Church, 3rd edition. USA: Oxford University Press. p. 1264. ／**源経光**：①◆本朝世紀第三十 近衛天皇 久安二年三月〇九日戊寅。②『新訂増補 国史大系』第九巻、國史大系刊行會・吉川弘文館・日用書房、１９３３年、４７８頁。／**ヘンリー2世**：レジーヌ・ペルヌー（福本秀子訳）『リチャード獅子心王』白水社、２００５年、77～78頁。／**フリードリヒ1世**：①エリザベス・ハラム（川成洋他訳）『十字軍大全―年代記で読むキリスト教徒イスラームの対立』東洋書林、２００６年、２８０頁。②Richards, D.S. The Chronicle of Ibn al-Athīr for the Crusading Period from al-Kāmil fi'l-ta'rīkh Part2 : Routledge, London, 2007, p. 375. ／**ブリ・ボコ**：①◆『元朝秘史（モンゴルン・ニウチャ・トブチャアン）』巻四第１５０節。②小澤重男『元朝秘史』上、岩波書店、１９９４年、１５０～１５１頁。／**タヤン・カン**：①◆『元朝秘史（モンゴルン・ニウチャ・トブチャアン）』巻七第１６５～１９６節。②小澤重男『元朝秘史』下、岩波書店、１９９４年、25～30頁。／**長田忠致**：①◆『平治物語』長田義朝を討ち六波羅に馳せ参る事 附けたり 大路渡して獄門に梟けらるる事、忠致尾州に逃げ下る事、頼朝義兵を挙げらるる事並びに平家退治の事。②高橋貞一校注『平治物語』、大日本雄辯會講談社、１９５２年、１２６～１３０、１６８～１７０頁。／**ケレスティヌス4世**：Reardon, Wendy J. The deaths of the popes : comprehensive accounts, including funerals, burial places and epitaphs, Jefferson, North Carolina : McFarland & Company, 2013, p. 100. ／**四条天皇**：①◆『五代帝王物語』「百錬抄」十四 四條院。②史料編纂所『大日本史料』第五編之十四、東京大學出版會、１９５２年、25、38頁。／**アレグザンダー3世**：森護『スコットランド王室史話』中公文庫、２０００年、１２１～１２２頁。／**マーガレット**：森護『スコットランド王室史話』中公文庫、２０００年、１２５～１２８頁。／**偽マルグレーテ**：①森護『スコットランド王室史話』中公文庫、２０００年、１２８～１２９頁。②Knut Helle, "Norwegian Foreign Policy and the Maid of Norway", The Scottish Historical ReviewVol. 69, No. 188, Part 2: Studies Commemorative of the Anniversary of the Death of the Maid of Norway (Oct., 1990), pp. 155-156. ／**ジャン2世**：Arthur Le Moyne de La Borderie, Histoire de Bretagne, t.3 : 995-1364, Réédition : Mayenne, Joseph Floch, 1972, p. 376. ／**ギヤースッディーン・トゥグルク**：①小谷汪之編『世界歴史体系 南アジア史2』山川出版社、２００７年、１１３～１１４頁。②フランシス・ロビンソン（小名康之監修）『ムガル皇帝歴代誌』創元社、２００９年、１３２～１３５頁。／**エドワード2世**：Prestwich, Michael. The Three Edwards Second Edition : War and State in England, 1272-1377. London : New York : Routledge, 2003, p. 87. ／**名越宗教と名**

越兵庫助：①◆『太平記』第七巻、千剣破城軍の事。②兵藤裕己校注『太平記』一、岩波書店、２０１４年、３３６～３４１頁。／**カルロス2世**：Francis William Blagdon, Paris as it was and as it is, or, A sketch of the French capital, London, 1803, pp. 273-274.／**ティムール**：①フランシス・ロビンソン（小名康之監修）『ムガル皇帝歴代誌』創元社、２００９年、71～72頁。②Bereket Karibayev, Yrysbek Omarbayev and Assel Taskarayeva, "The Medieval Legend on the Death of Timur in Otrar in the Light of Modern Research", Central Asiatic Journal, 2019, Vol. 62, No. 2, Harrassowitz Verlag, p. 284. ③Charles Shaw, "The Gur-i Amir Mausoleum and the Soviet Politics of Preservation", Future Anterior: Journal of Historic Preservation, History, Theory, andCriticism, Vol. 8, No.1 (Summer 2011), University of Minnesota Press, pp. 54-55.／**マルティン1世**：Dr. John Doran, The history of court fools, New York, Haskell House, 1966, p. 318.／**朱高煦**：①◆『国朝献征録』巻二、漢庶人伝。②『明史紀事本末』巻二十七。／**足利義持**：①◆『満済准后日記』應永卅五年正月五。②京都帝国大学文科大学編纂『満済准后日記』巻二、平安考古学会、１９２０年。／**足利義教**：矢代和夫『赤松物語 嘉吉記』勉誠社、１９９４年、１９６～１９７頁。／**ジェームズ2世**：Brown, P. Hume, History of Scotland, 1902, p. 241.／**結城成朝**：府馬清『結城一族の興亡』暁印書館、１９８３年、２０６～２０７頁。／**シャルル8世**：佐藤賢一『ヴァロワ朝』講談社現代新書、講談社、２０１４年、２０６～２０７頁。／**ウマル・シャイフ・ミールザー**：①◆バーブル『バーブル・ナーマ』１８９９年の出来事。②バーブル（間野英二訳注）『バーブル・ナーマ１ ムガル帝国創設者の回想録』東洋文庫８５３、平凡社、２０１４年、24～29頁。／**アレクサンデル6世**：P・G・マックスウェル・スチュアート（高橋正男監修）『ローマ教皇歴代誌』創元社、１９９９年、２１２頁。／**アシュラフ・カーンスーフ・ガウリー**：ユージン・ローガン（白須英子訳）『アラブ５００年史』上、白水社、２０１３年、30～31頁。／**尼子政久**：米原正義『出雲尼子一族』吉川弘文館、２０１５年、94～95頁。／**細川高国**：今谷明『戦国三好一族』新人物往来社、１９８５年、85頁。／**ザヒールッディーン・ムハンマド・バーブル**：フランシス・ロビンソン（小名康之監修）『ムガル皇帝歴代誌』創元社、２００９年、１７７～１７８頁。／**ナーシルッディーン・フマーユーン**：①小谷汪之編『世界歴史体系 南アジア史2』山川出版社、２００７年、１４８～１５１頁。②フランシス・ロビンソン（小名康之監修）『ムガル皇帝歴代誌』創元社、２００９年、１７８～１８３頁。／**シェール・シャー・スーリー**：Syed Ali Nadeem Rezavi, "The Medieval Fort of Kalinjar and Its History", Proceedings of the Indian History Congress, Indian History Congress, 2002, Vol.63 (2002), p. 1248.／**タフマースプ1世**：デイヴィッド・ブロー（角敦子訳）『アッバース大王 現代イランの基礎を築いた苛烈なるシャー』中央公論社、２０１２年、47頁。

／**アタワルパ**：山瀬暢士『インカ帝国 その征服と破滅』メタ・ブレーン、２００７年、１００～１１３頁。／**丹下与兵衛**：鈴木眞哉『戦国時代の計略大全』ＰＨＰ研究所、２０１１年、２０６～２０７頁。／**松平清康**：大久保彦左衛門（小林賢章訳）『現代語訳 三河物語』筑摩書房、２０１８年、53～55頁。／**フランソワ1世**：ルネ・ゲルダン（辻谷泰志訳）『フランソワ一世：フランス・ルネサンスの王』国書刊行会、２０１４年、４６５～４６６頁。／**アンリ2世**：オルソラ・ネーミ、ヘンリー・ファースト（千種堅訳）『カトリーヌ・ド・メディシス』中央公論社、１９８２年、80～81頁。／**アドハム・ハーン**：①小谷汪之編『世界歴史体系 南アジア史2』山川出版社、２００７年、１５２～１５３頁。②フランシス・ロビンソン（小名康之監修）『ムガル皇帝歴代誌』創元社、２００９年、１８９頁。／**中村新兵衛**：①◆湯浅常山『常山紀談拾遺』巻四 二十五（第百三話）松山新助の勇将中村新兵衛が事。②◆『明良洪範続編』巻之二「中村新兵衛の勇猛」。③菊池真一編『常山紀談 索引資料篇』和泉書院、１９９３年、53～54頁。④早川純三郎編『明良洪範』國書刊行会、１９１２年、３７８～３７９頁。／**ジェロラモ・カルダーノ**：F. N. David, Games, Gods and Gambling, Charles Griffin and Company, London, 1962, p. 53.／**大宝寺義氏**：保角里志『南出羽の戦国を読む』高志書院、２０１２年、57～64頁。／**石川一光**：①◆湯浅常山『常山紀談拾遺』巻六 十（第百三十八話）石川兵助戦死の事。②◆山鹿素行『武家事紀』巻第十四。③菊池真一編『常山紀談 本文篇』和泉書院、１９９２年、90頁。④素行子山鹿高興『武家事紀 上巻』山鹿素行先生全集刊行会、１９１５年、５０８頁。／**龍造寺隆信**：川副義敦『戦国の肥前と龍造寺隆信』宮帯出版社、２０１８年、３０６～３１０頁。／**イェルマーク・チモフェーイェヴィチ**：Alan Wood, Russia's Frozen Frontier : A History of Siberia and the Russian Far East 1581 - 1991, London, 2011, pp. 26-27.／**千葉邦胤**：①◆『千葉傳考記』千葉邦胤。②黒川眞道編『國史叢書 千葉傳考記・小田軍記・小田天庵記・房總軍記・里見九代記』國史研究會、１９１６年、１０８～１１２頁。／**内ケ島氏理**：安達正雄「白山大地震により埋没した『帰雲城』と『木舟城』」『日本海域研究所報告』第8号、１９７６年、91～１０３頁。／**チコット**：Dr. John Doran, The history of court fools, New York, Haskell House, 1966, pp. 287-288.／**イヴァン・イヴァノヴィチ**：栗生沢猛夫『ボリス・ゴドノフと偽のドミトリー「動乱」時代のロシア』山川出版社、１９９７年、10、68～69頁。／**ドミトリー・イヴァノヴィチ**：栗生沢猛夫『ボリス・ゴドノフと偽のドミトリー「動乱」時代のロシア』山川出版社、１９９７年、３～14頁。／**偽ドミトリー1世**：栗生沢猛夫『ボリス・ゴドノフと偽のドミトリー「動乱」時代のロシア』山川出版社、１９９７年、２８８～２９０頁。／**九鬼嘉隆**：①◆『三河後風土記』下 巻第四十一 九鬼嘉隆自殺附眞田父子助命の事。②『物語日本史大系』第十一巻、早稲田大學出版部、１９２８年、84～85頁。／**豊田五郎右衛門**：①◆『三河後風土記』下 巻第四十一九鬼嘉隆自殺附眞田父子助命の事。②『物語日本史大系』第十一巻、早稲田大學出版部、１９２８年、８４～８５頁。／**佐野綱正**：和田兼三郎編著『鳥居元忠』１９２２年、１７６頁。／**松平家忠**：①◆『寛政重修諸家譜』第一、巻第二十九。②『新訂 寛政重修諸家譜』続群書類従完成会、１９６４年、１５８～１５９頁。／**佐野忠成**：①◆『明良洪範続編』巻之二「佐野忠成討死の事」。②早川純三郎編『明良洪範』國書刊行会、１９１２年、３６７頁。／**ティコ・ブラーエ**：Thoren, Victor R. The Lord of Uraniborg: A Biography of Tycho Brahe. Cambridge University Press, 2006, pp. 468-469. ／**トマス・ダグラス**：①ジェフリー・アボット（熊井ひろ美ほか訳）『処刑と拷問の事典』原書房、２００２年、３８０頁。②S. T. Bindoff, "A BOGUS ENVOY FROM JAMES I," HistoryNEW SERIES, Vol. 27, No. 105 JUNE, 1942, pp. 15-37. ／**矢部虎之助**：①◆『明良洪範』巻七「矢部虎之助の指物」。②早川純三郎編『明良洪範』國書刊行会、１９１２年、83頁。／**フランシス・ベーコン**：Bowen, Catherine Drinker, Francis Bacon : the temper of a man, New York : Fordham University Press, 1993, p. 225. ／**ルイ・ド・ブルボン**：色摩力夫『黄昏のスペイン帝国：オリバーレスとリシュリュー』中央公論社、１９９６年、２９２～２９３頁。／**稲葉紀通**：①◆『明良洪範続編』巻之三「稲葉記通亂心のこと附松平忠國の心掛」。②福知山市史編さん委員会編『福知山市史』福知山市役所、１９８２年、８１７～８２５頁。③白峰旬「慶安元年の丹波福知山城主稲葉紀通自決事件（謀反疑惑事件）に関する一考察」『別府大学紀要』49、２００８年。④『日本私学年次別論文集』近世１ ２００８（平成20）年 朋文出版、２０１０年、５９５～６００頁。⑤早川純三郎編『明良洪範 全』國書刊行会、１９１２年、３８８頁。／**ルネ・デカルト**：Aleksandar Damjanovic,Srdjan D. Milovanovic &Nikola N. Trajanovic, "Descartes and His Peculiar Sleep Pattern," Journal of the history of the neurosciences, 2015-10-02, Vol.24 (4), p. 396-407. ／**林羅山**：堀勇雄『林羅山』吉川弘文館、１９６４年、４３５～４３７頁。／**フランソワ・ヴァテール**：①アントニー・ローリー（富樫瓔子訳）『美食の歴史』創元社、１９９７年、73頁。②Marie de Rabutin-Chantal marquise de Sévigné, Letters of Madame de Sévigné, Ginn & Company, 1899, pp. 35-36. ／**ジャン＝バティスト・リュリ**：Anthony, James R.; Hitchcock, H. Wiley; Sadler, Graham. The New Grove French Baroque Masters: Lully, Charpentier, Lalande, Couperin, Rameau. W. W. Norton & Company, 1986, pp. 14-16. ／**ヘンリー・パーセル**：Zimmerman, Franklin. Henry Purcell 1659-1695 His Life and Times. New York City: St. Martin's Press Inc., 1967, p. 266. ／**ウィリアム３世**：Van der Kiste, John. William and Mary. Gloucestershire, The History Press, 2017, pp. 251-255. ／**本多忠村**：氏家幹人『旗本御家人 驚きの幕臣社会の真実』洋泉社、２０１１年、85～86頁。／**細川宗孝**：①◆『惇信院殿御實紀』巻六 延享四年八月。②経済雑誌社編『国史大系』第14巻、経済

雑誌社、１９０２年、４７９～４８１頁。③氏家幹人『旗本御家人 驚きの幕臣社会の真実』洋泉社、２０１１年、１９８～２００頁。／**板倉勝該**：①◆『惇信院殿御實紀』巻六 延享四年八月。②経済雑誌社編『国史大系』第14巻、経済雑誌社、１９０２年、４７９～４８１頁。③氏家幹人『旗本御家人 驚きの幕臣社会の真実』洋泉社、２０１１年、１９８～２００頁。／**アブラーム・ド・モアブル**：Florian Cajori, A History of Mathematics, The Macmillan Company, London, 1919, p. 229.／**ステパン・フョードロヴィチ・アプラークシン**：ロバート・K・マッシー（北代美和子訳）『エカチェリーナ大帝 ある女の肖像』上、白水社、２０１４年、２８７～２９２頁。／**ジェームズ・オーティス**：Tudor, William. The Life of James Otis, of Massachusetts: Containing Also, Notices of Some Contemporary Characters and Events, from the Year 1760 to 1775 Ashgate, 2004, pp. 485-486.／**佐野政言**：氏家幹人『旗本御家人 驚きの幕臣社会の真実』洋泉社、２０１１年、２２２～２２４頁。／**アーガー・ムハンマド・カージャール**：フランシス・ロビンソン（小名康之監修）『ムガル皇帝歴代誌』創元社、２００９年、３２８頁。／**テオバルド・ウルフ・トーン**：Theobald Wolfe Tone. The Life of Theobald Wolfe Tone. London: Whittaker, Treacher and Arnot, 1831, pp. 314-316.／**ジョージ・ワシントン**：Ron Chernow, Washington: A Life, New York, The Penguin Press, 2010, pp. 806-807.／**シャルル・ジョセフ・ド・リーニュ**：幅健志『帝都ウィーンと列国会議』講談社、２０００年、２６８～２７２、２８２～２８５頁。／**ウィリアム・ハスキソン**：クリスチャン・ウォルマー（北川玲訳）『鉄道の歴史：鉄道誕生から磁気浮上式鉄道まで』創元社、２０１６年、29頁。／**ナウ・ニハール・シング**：J. S. Grewal, The Sikhs of the Punjab, Cambridge University Press, 1998, pp. 119-120.／**松下伝七郎**：氏家幹人『旗本御家人 驚きの幕臣社会の真実』洋泉社、２０１１年、１９８～２００頁。／**梁川星巌**：①◆伊東信『梁川星巌翁』。②杉浦守邦『江戸期文化人の死因』思文閣出版、２００８年、３１０～３１９頁。／**ジョン・セジウィック**：Foote, Shelby. The Civil War, a narrative v3, New York, Vintage Books, 1986, p. 203.／**洪秀全**：ジョナサン・D・スペンス（佐藤公彦訳）『神の子 洪秀全 その太平天国の建設と滅亡』慶應義塾大学出版会、２０１１年、４４７～４４８頁。／**ジョージ・ブール**：Tommy Baker, "Have a look inside the home of UCC maths professor George Boole" https://www.irishexaminer.com/property/arid-20336830.html Irish Examiner,B June 2015.／**クレメント・ヴァランディガム**：Vallandigham, James Laird (2011), A Life of Clement L. Vallandigham, Baltimore:Turnbull Brothers. pp. 516-526.／**平賀義質**：富田仁編『新訂増補 海を越えた日本人名事典』日外アソシエーツ、２００５年、５７３～５７４頁。／**アラン・ピンカートン**：Lavine, Sigmund A. Allan Pinkerton: America's First Private Eye. London, Hammond, Hammond & Co. 1965, pp. 207-

208. ／**肥田浜五郎**：①◆『官報』第千七百四十七號 明治二十二年四月三十日○彙報○官廳事項○官吏。②◆『時事新報』明治二十二年四月二十九日「肥田御料局長没す 汽車に便所なき犠牲」『新聞集成明治編年史』第七巻、林泉社、１９３６～１９４０年、２６３頁。／**フレデリック・レイトン**：Sidney Lee ed., Dictionary of National Biography, London, 1909, p. 962. ／**ディートリヒ・フォン・ヒュルゼン＝ヘーゼラー**：Massie, Robert K. Dreadnought; Britain, Germany, and the Coming of the Great War, London：Pimlico, 1993, pp. 690-691. ／**レフ・ニコラエヴィチ・トルストイ**：①藤沼貴『トルストイ』第三文明社、２００９年、５９２～６１１頁。②Музей Л. Н. Толстого на станции Лев Толстой "О музее" <http://tolstoy.lipetsk.ru/> ２０１９年7月15日アクセス。／**マーク・トウェイン**：クララ・クレメンズ（中川慶子・的場朋子・宮本光子訳）『父マーク・トウェインの思い出』こびあん書房、１９９４年、４３７頁。／**エミリー・デイヴィソン**：①中村久司『サフラジェット 英国女性参政権運動の肖像とシルビア・パンクハースト』大槻書店、２０１７年、１７６～１７７頁。②佐藤繭香『イギリス女性参政権運動とプロパガンダ』彩流社、２０１７年、59～60頁。

【コラム】

1章末**「現実離れした『死』」**：①◆『景徳伝燈録』巻一。②◆『平家物語』巻六 入道逝去の事。③松原國師『西洋古典学事典』京都大学学術出版会、２０１０年、１１４２頁。④赤谷正樹「平清盛の死因―藤原邦綱の死との関連を中心に―」『日本医史学雑誌』第62巻第1号、２０１６年、３～15頁。／2章末**「いつかやってくる『死』を忘れるな――今を生きる人への警告」**：①Mary Beard, The Roman triumph, Cambridge, MA：Belknap Press of Harvard University Press, 2007, pp.85-87. ②ジョアンナ・エーベンシュタイン（北川玲訳）『死の美術大全：８０００年のメメント・モリ』河出書房新社、２０１８年。／3章末**「衝撃的な『殺し方』」**：①◆『資治通鑑』巻二百六十五 唐紀八十一。②ゲオルグ・オストロゴルスキー（和田廣訳）『ビザンツ帝国史』恒文社、２００１年、３８４頁。／4章末**「王殺し――天運尽きた時が人生の終わり」**：①ジェームズ・フレイザー（吉川信訳）『初版 金枝篇』筑摩書房〈ちくま学芸文庫〉（上下）、２００３年。②三浦清美「歴史的ヴォルガ：ヴォルガがロシアの川となるまで」望月哲男・前田しほ編『文化空間としてのヴォルガ』スラブ・ユーラシア研究センター、２０１２年。／5章末**「永遠の命と死」**：①◆『史記』秦始皇本紀。②吉村正和『図説 錬金術』河出書房新社、２０１２年。③大形徹「第4章 薬物から外丹へ―水銀をめぐる古代の養生思想―」三浦國雄・堀池信夫・大形徹編『講座道教

第三巻 道教の生命観と身体論』雄山閣出版、２０００年、62〜78頁。④鶴間和幸『始皇帝の地下帝国』講談社、２００１年。／6章末**「第一次世界大戦――死と歴史が行き着く先」**：①マーガレット・マクミラン（真壁広道訳）『第一次世界大戦 平和に終止符を打った戦争』えにし書房、２０１６年、pp.670-671。②ジョン・エリス（越智道雄訳）『機関銃の社会史』平凡社、２００８年。③木村靖二『第一次世界大戦』ちくま新書、２０１４年。

使用画像クレジット表記

桓公：©Zhangzhugang, 2015, CC BY-SA 4.0, Adapted.／ヘラクレイトス：©Didier Descouens, 2019, CC BY-SA 4.0, Adapted.／アイスキュロス：©shakko, 2019, CC BY-SA 4.0, Adapted.／デモクリトス：©Didier Descouens, 2019, CC BY-SA 4.0, Adapted.／キティオンのゼノン：©Jean Housen, 2014, CC BY-SA 3.0, Adapted.／武霊王©我乃野云鶴、2011, CC BY-SA 4.0, Adapted.／アッタロス3世：©Marcus Cyron, 2007, CC BY-SA 3.0, Adapted.／ミトリダテス6世：©Sting, 2005, CC BY-SA 2.5, Adapted.／ネロ©shakko, 2007, CC BY-SA 3.0, Adapted.／ウェスパシアヌス：©shakko, 2007, CC BY-SA 3.0, Adapted.／ドミティアヌス：©Sailko, 2013, CC BY 2.5, Adapted.／ゴデスカルクス：©Classical Numismatic Group, Inc., 2009, CC BY-SA 2.5, Adapted.／マフディー：©Classical Numismatic Group, Inc., 2018, CC BY-SA 2.5, Adapted.／レオーン5世アルメニオス：©Classical Numismatic Group, Inc., 2010, CC BY-SA 2.5, Adapted.／ブリ・ボコ：©KoizumiBS, 2019, CC BY-SA 4.0, Adapted.／アレグザンダー3世：©Kim Traynor, 2011, CC BY-SA 3.0, Adapted.／マーガレット：©Colin Smith, 2010, CC BY-SA 2.0, Adapted.／ティムール：©Vadimsa, 1985, CC BY-SA 4.0, Adapted.／ジェームズ・オーティス：©Kenneth C. Zirkel, 2014, CC BY-SA 3.0, Adapted.／ウィリアム・ハスキソン：©Rodhullandemu, 2018, CC BY-SA 4.0, Adapted.

著者略歴

遠海総一（とおみ・そういち）

東京都生まれ。早稲田大学文学部卒、同文学研究科在籍。中・東欧の歴史研究に携わる傍ら、幅広い時代・地域の歴史に関心を持ち、Twitter 上で「世界死 bot」を運営する。趣味は Wikipedia のマイナー歴史記事探訪。死にたくはない。

世にも奇妙な「世界死」大全

2021 年 7 月 21 日第一刷

著　者　　遠海総一

発行人　　山田有司

発行所　　株式会社　彩図社
東京都豊島区南大塚 3-24-4
ＭＴビル　〒 170-0005
TEL：03-5985-8213　FAX：03-5985-8224

印刷所　　シナノ印刷株式会社

URL：https://www.saiz.co.jp
https://twitter.com/saiz_sha

ISBN978-4-8013-0538-0 C0020